民国校长

布衣◇编著

内蒙古出版集团　远方出版社

图书在版编目(CIP)数据

民国校长 / 布衣编著. – 呼和浩特 : 远方出版社,2016.1
ISBN 978-7-5555-0561-7

Ⅰ. ①民… Ⅱ. ①布… Ⅲ. ①校长–生平事迹–中国–民国 Ⅳ. ①K825.46
中国版本图书馆CIP数据核字(2015)第316492号

民国校长

编　　著	布　衣
责任编辑	董美鲜
装帧设计	白　冰
出版发行	内蒙古出版集团　远方出版社
社　　址	呼和浩特市乌兰察布东路666号　邮编 010010
电　　话	（0471）2236471总编室　2236460发行部
经　　销	新华书店
印　　刷	北京毅峰迅捷印刷有限公司　邮编100000
开　　本	710mm × 1000mm　1/16
字　　数	200千
印　　张	15.5
版　　次	2016年1月第1版
印　　次	2016年4月第1次印刷
印　　数	1—10 000册
标准书号	ISBN 978-7-5555-0561-7
定　　价	35.00元

前言

民国时期的许多大学校长之所以能成为真正的教育家，不仅是因为他们在学术研究方面肯付出、肯努力，而且他们在学校管理方面的言行举止也能表现出崇高而忘我的人文精神。北京大学校长蔡元培说过：“教育者，与其守成法，毋宁尚自然；与其求划一，毋宁展个性。”而蒋梦麟也说过：“吾人若视教育为增进文明之方法，则当自尊重个人始。”民国很多校长在办学治校过程中，都能体现出浓厚的人文精神，最显著的特点就是尊重教师、爱护学生、尊重职员。浙江大学校长竺可桢从主持校务的第一天起，就对学生充满了期望。他主张大学就是要造就各行各业的领袖，期待学生们具备理智的头脑，养成人格独立、肯吃苦耐劳、努力为公奉献的精神。

充分尊重并信任教师是民国时期大学校长明显的特征之一。清华大学校长梅贻琦曾指出，大学的第一要素就是师资力量。民国校长对教师的信任与尊重，不光表现在思想认识方面，还表现在日常的实际行动中。北京大学校长蔡元培曾强调教师要以学诣为主，不应该对其过多责备。而张伯苓在主持南开大学期间，在经费非常紧缺的情况下，也会优先解决教师的问题。

为了帮助读者系统地了解民国时期大学校长的生平情况，特出版此书。本书多角度地展示了北京大学校长蔡元培、蒋梦麟、胡适，清华大学校长罗家伦、梅贻琦，南开大学校长张伯苓，浙江大学校长竺可桢，四川大学校长任鸿隽，广西大学校长马君武，交通大学校长唐文治，东南大学校长郭秉文以及中国第一位女子大学校长吴贻芳的办学理念、行为方式、成长轨迹以及人格风范等。

虽然这些民国老校长在做人做事方面各有千秋，但他们自身却拥有很多相同点，可以把他们的共同点概括为“爱教育、重人才、负责任、没私心、有魄力”等。这些话虽然是老生常谈，但如果和这些校长在主持校务过程中的具体事例联系在一起，还是可以让人们找出他们的与众不同之处的。

翻开民国的教育史，哪里有对科学知识和学术研究的渴望，哪里就会有这些校长的足迹。在发展教育事业或者实现人生追求上，他们或横刀立马，投身教育；或再接再厉，专研学术。在追求思想自由、学术独立、人格独立等方面，全力以赴，浓墨重彩地为中国教育事业绘就了一幅幅精彩纷呈的美丽画卷。

当然，这些大学校长并不是天生的奇才。从为读书而发愁的穷孩子到主持大学校务的思想大家，从只考虑自己生计问题的凡人到关注国家命脉的栋梁，除了经历长期的磨炼、永不放弃的超凡毅力以及自身宏大的志向外，还得益于当时时局的剧变向他们提供的机会。

本书将再现民国校长们富有远见的教育观念，并让读者知道民国校长是如何看待学生在理论知识和实际操作等方面的关系的。这些桃李满天下的民国校长，他们的民主治校、追求自由的光辉思想历经时代的变迁，仍然熠熠生辉。虽然这些耀眼的民国校长已经成为过去，但无论时代如何变化，社会如何发展，历史永远是最好、最真实的教科书。此外，本书的出版还能为新世纪的教育改革提供必要的指导或借鉴。

目录

第一章

“学界泰斗”蔡元培：崇尚自由，树立“思想自由、兼容并包”的新风

第二章

北大“功狗”蒋梦麟：负笈西洋，学贯中西文化

第三章

“南开之父”张伯苓：转移风俗，创造私立大学神话

第四章

“浙大保姆”竺可桢：以死求知，全力维护学术的独立

第五章

"中大先驱"罗家伦：追求信仰，让学术独立响彻四方

第六章

清华"终身校长"梅贻琦：研求真理，提倡"吾从众"的民主作风

第七章

“金陵女儿”吴贻芳：态度严谨，用责任释放“金陵精神”

第八章

“川大旗手”任鸿隽：传播科学，主张“革命救国”

第九章

交大“领路人”唐文治：弃官从教，以教育为命根

第十章

“广大勇夫”马君武：投身教育，誓言为国家谋福利

第十一章

“民主大家”胡适：众望所归，民主自由治校

第十二章

“东大之父”郭秉文：持平办学，民主与效率兼顾

第十三章

“数学泰斗”熊庆来：八年留学，尽瘁于学术事业

第一章

“学界泰斗”蔡元培：崇尚自由，树立“思想自由、兼容并包”的新风

蔡元培谈大学精神：

“对于学说，仿世界各大学通例，循思想自由原则，取兼容并包主义……无论何种学派，苟其言之成理，持之有故，尚不达自然淘汰之运命者，虽彼此相反，而悉听其自由发展……”

“大学者，研究高深学问者也……诸君须抱定宗旨，为求学而来。入法学者，非为做官；入商科者，非为致富。”

来到北京大学未名湖畔，在苍松翠柏之间，矗立着一尊半身铜像，他就是我国著名的教育家、思想家，北京大学校长蔡元培。正是这位胸怀博大、思想卓越，给北京大学带来盎然生机，让北京大学成为令世界瞩目的学校，用自身的勇气与魅力启蒙、注视着北京大学的发展。

翻开北京大学的光辉史册，或许很难找出一位能与蔡元培相提并论且关系密切的人物了。甚至可以说，没有蔡元培就没有北京大学。北京大学与蔡元培好像是一个完美结合的整体。也正因如此，后人才会对这位“北大楷模、学界泰斗”的老校长蔡元培投以崇敬的目光。正如他所崇尚的“思想自由、兼容并包”一样，他的精神、他的个人魅力深深影响着后人，他是一位让人肃然起敬的传奇人物！

人物小传

蔡元培（1868—1940），浙江绍兴人，字鹤卿、民友、孑民、仲申。中国近代革命家、教育家，也是近代民族学研究的先驱人物。1916 年出任北京大学校长，对北京大学进行了大刀阔斧的革新，使北京大学名满世界。此外，他还兼任中法大学校长以及中央研究院院长等职，在教育事业上做出了杰出的贡献。

1.“我不入地狱谁入地狱”

1916年9月1日，在法国潜心工作和求学的蔡元培收到一封电报。电报出于当时教育部总长范源濂之手。范源濂在电报中称，国学形势已趋于平缓，但教育却成为急需解决的问题，希望蔡元培尽快回国，出任北京大学校长一职，为国学教育事业尽一份力。蔡元培能明显感觉到范源濂在电报中的诚恳，看完电报的他，心潮起伏，思绪难以平静。

蔡元培虽然是清翰林出身，但很早便成为忠诚的革命党人，走上了教育救国、民主革命的道路。步入知天命之年的蔡元培，为了将中西文化融合在一起，通才硕学，为了教育救国，来到法国留学。在法国留学期间，他和吴玉章等人发起了专门为有志青年勤工俭学创造必备条件的勤工俭学会以及华法教育会。在当时，很多留法的中国青年加入到这一行列中，一些人开始接受马克思主义并成为优秀的共产党员。留法勤工俭学会在蔡元培的精心创办下得到了快速发展，但他本人并不满意。在他看来，在法国经营的教育事业虽然进行得有声有色，但毕竟是在国外，没有在国内那样切实。现在机会来了，不得人心的袁世凯倒台了，新的希望和转机正在共和国大地上冉冉升起。虽然北京大学在当时的口碑和名望并不好，但它作为中国第一所国立大学的事实不能改变，同时还是由中央政府组建，在全国教育系统中具有特殊意义的高等学府。蔡元培敏锐地意识到，北京大学或许是自己施展抱负的基地。经过一番深思熟虑之后，他打算接受范源濂的邀请，出任北京大学校长一职。正是他的这个举动，影响了北京大学此后的发展，甚至让中国的教育事业也出现转机。

10月2日，蔡元培和吴玉章登上了回国的轮渡，11月8日到达上海。当得知蔡元培即将出任北京大学校长时，他的友人表现出不同的态度。很多人建议他不要涉足北京大学这个是非之地，稍有不慎或许会让自己名声扫地。但熟知蔡元培性格的孙中山却建议他去北京大学任职，因为在传播新思想、支持全国性教育事业上，和其他人相比，蔡元培更胜一筹。最终，蔡元培在孙中山的寄望和嘱托下决定来北京大学任职。12月22日，蔡元培抱着坚定的决心，踏上了赴京就任北京大学校长的征途。有意思的是，蔡元培为了表示整顿北京大学的决心，说出了流传很久的“我不入地狱谁入地狱”这句话。1916年12月26日，蔡元培被正式任命为北京大学校长。1917年1月，他到北京大学就职视事，也从此开始了一生最为重要且备受瞩目的辉煌时期。

与北京大学前任校长不同的是，蔡元培是个既有民主作风又有创新精神的校长，从他踏入北京大学校门的第一刻起，就注定他是个能给北京大学注入鲜活生机的校长。到校的第一天，校工们便整齐地站在大门口面带微笑地向这个新校长行礼。他改变了前任校长高傲自大、目中无人的惯例，向和他行礼的校工脱帽回礼。此后，也经常可以看到他彬彬有礼地向校工还礼的情景。这件事让学校所有人都对蔡元培肃然起敬。他的这个举动犹如一股劲风将封建积习吹得一干二净。同时也说明北京大学正吹来一股平等、民主的和煦春风。

1917年1月9日，蔡元培在北京大学的开学典礼上发表了激动人心的演说。他针对当时北京大学在学风上存在的不良风气，提出“抱定宗旨”“砥砺德行”“敬爱师友”三项要求，并阐明了大学的性质，即成为研究高深学问的发源地。还指出，大学里的学子最主要的任务应该是专心术业，而不是谋求官职，突出强调学生就应该把求学放在最重要的位置上。他的演说引起了台下师生的强烈反响，他们似乎一下子找到了方向。

蔡元培出任校长没多久，便举办了一次振奋人心的校庆活动。校庆20周年的纪念歌词中，北京大学师生们将蔡元培比喻为春风和春雷，象征着生命与希望，这反映出北京大学师生们对蔡元培的欢迎和认同。

2. 彻头彻尾整顿北京大学

早在民国初期，蔡元培就出任临时教育总长，并发布了《大学令》，其中主要的宗旨是大学应当以教授高深学术、传播先进文化理念为核心。虽然在蔡元培之前的几任校长没有什么大作为，但他们对于大学在学术方面应担负起的责任还是有了近乎一致的认识。民国后，北京大学首任校长严复就曾提出大学的宗旨就是崇尚学术。此时北京大学正处于内外交困之际，一方面，教育部宣称要关闭北京大学；另一方面，学校内部正上演着一幕幕罢工与冲突的闹剧。在这种情况下，用崇尚学术历来劝学生就显得力不从心了。在巨大的压力之下，严复被迫辞职，接替他的是代理校长马良。随后，梁启超获邀到北京大学进行演讲，他延续马良的思路，认为大学不仅是一个国家高等教育的文化圣地，还是最神圣的思想之源。

其实在传统的读书人眼中，读书求学与入仕为官并不矛盾。京师大学堂很早以前就有了毕业之后和仕途发展联系在一起的规定。民国时期虽然已经有了先例，但这种风气并没有转变，充斥在校园里的仍然是一派官僚之风。学校本应是个充满学术氛围的思想圣地和文化圣地，但却像个官味儿十足的衙门。有的教员一心只想当官，不学无术；有的教员自身学问并不高，是北洋政府的官僚，因此时常摆架子；有的教员不允许听到质疑的声音，更不能容忍新思想。有些家境殷实的学生出手阔绰，在学校里打麻将、吃花酒，对读书根本不用心，而那些家境贫寒的学生只能默默忍受。那时学生中还流行一种“结十兄弟”的坏风气，就是一些气味相投的学生结为小帮派并拜作兄弟，毕业之后只钻营仕途，谁官做得大，就可以把其他兄弟拉到手下谋个一官半职。假如这个官是通过向大官僚买来的，那么其他几个兄弟也要平摊钻营费。可以想象，这样的大学怎能培养出人才，培养出来的只能是一批利欲熏心的蛀虫。蔡元培没来北京大学任职前，这里已经是乌烟瘴气了，和最高学府的形象根本不相干。

蔡元培将北京大学出现的乌烟瘴气归结于未能彻底洗尽官僚习气。他认为出现这种情况最根本的原因是，北京大学没能真正地从科举旧制中脱离出来。所以，对北京大学进行改革就需要从根本上将科举时代遗留下来的旧制度统统清除。因此，蔡元培一方面倡导高深学问，另一方面便为重新塑造北京大学校风进行改革上的准备。随后，蔡元培便从两个方面着手进行改革。第一，延聘积极教学与为人师表的教员，激发学生求学的兴趣。第二，对学校领导的管理体制、教学内容以及教学方法进行改革，充分将民主与科学的精神注入其中。

由于蔡元培有着多年的办学经验，他深知办好大学最关键的是拥有一批一心扑在教育事业上的优秀教员。他认为北京大学的学风败坏以及课程安排的凌杂是其中很严重的弊端。1916 年 12 月 26 日，也就是蔡元培被教育部正式任命为北京大学校长的那一天，一大早他就径直走到北京前门外大街的一家旅馆里，拜访了以宣传民主、科学思想和创办《新青年》而闻名的陈独秀。蔡元培早就认识陈独秀，认为他是自己整顿北京大学最得力的助手。为了招揽到陈独秀，蔡元培不辞辛劳，亲自登门拜访。他想到了刘备“三顾茅庐”的典故，于是每天都来探望陈独秀。有时时间早，陈独秀还没有起床，他便坐在门口等待。由于蔡元培求贤若渴，加之他答应把《新青年》带到北京大学继续办，于是同意了去北京大学任教。担任文科学长两年之后，陈独秀成为五四运动的带头人。随后，蔡元培广纳贤才，聘请了在当时具有一定影响力的人物，如胡适、鲁迅、李大钊、周作人、刘半农、钱玄同、吴虞等人，这些人都有一个相同的特点，不仅学识渊博，而且还是主张革新的新派人物。此外，当时知名的专家学者，如徐悲鸿、王世杰、马寅初、高一涵、陶孟和、熊十力、沈兼士、陈垣等人，在文科、法学科担任教授和导师。同时，像李四光、李书华、丁文江、朱家骅、冯祖荀等人也到北京大学任教。一时间，北京大学犹如引来了金凤凰一样，名师荟萃，学术和科研氛围空前浓厚。根据1918年的统计，北京大学教授人数为90人，大多数人的年龄都是在35岁左右，最年轻的教授徐宝璜只有21岁，胡适27岁，陈独秀也才38岁。就这样，北京大学涌现出一批年轻而富有朝气的教员，一方面扫除了此前的陈腐之气，另一方面也让北京大学成为革新运动的先锋。

蔡元培除了招揽优秀的教员之外，还借鉴西方大学的教学模式，对领导体制、教学制度、课程安排和招生制度等方面都进行系统而全面的改革。在学校领导体制改革方面，蔡元培依照“教授治校”的原则，将各学科学长以及教授代表集合在一起，组建评议会，作为学校最高的权力机构和立法机构。这个改革的实施，改变了早前学校的一切事务都由校长和学监主任等少数人负责，就连各科的学长也没有权力过问学校事务的局面。而且在评议会之外，还成立了行政会议，作为全校的行政机构以及执行机关，校长兼任行政会议议长一职。

在科系设置方面，将文科和理科进行扩充，对法科进行调整，归并至商科和工科。开办研究所，确立起预科、本科以及研究所这三级学制。到1919年，北京大学已经有包括数学、物理、地质、哲学、化学、中国文学、英国文学、德国文学、俄国文学、法国文学、文学、法律和经济共13个系以及理科、文科及法科3个研究所。

在教学制度改革方面，蔡元培将年级制改为选科制，此举极大地调动起学生学习的积极性、主动性，达到了更好的学习效果。当时学校对学生毕业有这样的规定：预科学生要学满 40 个学分，本科学生要学满 80 个学分。在选科问题上，分别交由本科和预科教授负责，对于大学一年级新生，专门为他们设立了便于其入学选课的新生指导委员会。选科制于 1919 年在北京大学率先实行，1922 年起便推广至全国。

在教育内容和课程设置方面，蔡元培强调加强基本理论和基础知识的学习，让学生能够全面、系统地掌握知识，主张学习和借鉴国外的先进文化，不赞同简单地模仿。对于学生们的外语学习也加以重视，特意开设了世界语等课程。

在招生方面，蔡元培倡导男女平等，从 1920 年就破天荒地招收女学员，这开创了中国大学教育男女同校学习的先河。从 1917 年暑期开始，北京大学就改变了招生中注重资格、看其出身的旧制度，以考试成绩的好坏作为录取学生的标准，同时还招收旁听生和选科生。1918 年 4 月 14 日，蔡元培主张开办夜校，这在北京大学历史上乃至中国高等教育的历史上都是个创举。后来，在蔡元培的努力下，还办起了招收学校附近平民子弟的夜校，这些都体现出他注重平民化教育的主张和想法。

不拘一格降人才的蔡元培，参照西方大学的办学模式对北京大学进行了前所未有的整顿，一时间让北京大学发生了明显的变化。正如当时很多学者所说的那样，蔡元培在 1917 年到 1919 年两年多的时间里，将一个充斥着官僚作风的乌烟瘴气之地，整顿成名副其实的中国第一的高等学府，也把学风涣散、死气沉沉的北京大学变成一个治理有方、流淌新风的文化圣地。北京大学也就是在这样的氛围下，培养出一批又一批英才。

3. “思想自由、兼容并包”遍及北京大学

蔡元培一直认为大学应该是研究高深学问的最高机构，只有实行“思想自由、兼容并包”的方针，才能对促进学术的进步和发展起到关键的作用。他也不止一次地强调：“对于学说，仿世界各大学通例，循思想自由原则，取兼容并包主义”，“无论何种学派，苟其言之成理，持之有故，尚不达自然淘汰之运命者，虽彼此相反，而悉听其自由发展”。思想自由，有容乃大，是蔡元培教育思想最核心的一部分。正是在这种学术观的指导下，北京大学出现了有史以来学术最自由、思想最百家争鸣的新局面。

在“五四”前后的北京大学，学术气息达到了空前热烈、浓厚的程度。不同学派的专家学者要么著文，要么登台授课，或者通过开设讲座的方式阐述自己的想法。当时，每星期六下午，既有胡适用资产阶级观点讲授的《中国哲学史》，也有孔教派教员梁漱溟讲授的孔孟之道。两人在不同的礼堂各讲各的见解和体系，学生们可以自由选择。而在文字学方面，黄侃作为旧国粹派的代表人物和新白话派的钱玄同，经常针锋相对，甚至进行激烈的讨论。有意思的是，有一次钱玄同正在讲课，黄侃也在对面教室讲课。黄侃故意放大声音说钱玄同的观点是如何如何不合古训，是如何如何荒诞离奇。而钱玄同似乎并没有在意这些，还是继续他的授课。在当时，这种情况经常发生。学生们也对这种能容纳不同学派学说和思想的做法感到很满意，也能感受到北京大学迎来了曙光。

那么，蔡元培主张的“思想自由、兼容并包”，是不是既没有标准、没有原则、没有界限，也是非不分，一切都能被包容呢？答案是否定的。从他选聘教员这

一点上可以看出，他还是坚持自己的选人标准：教员不仅要具备很高的学术水平，对待学术的态度也应该是积极的，并能够调动学生们的学习兴趣，同时还要求教员能为人师表，能成为让学生们为之钦佩的模范人物。按照这个选聘标准，他一方面选聘到一些优秀的人才，同时还解聘了一些资历不够、学术态度不端正的教员。从学术方面来看，蔡元培将“思想自由、兼容并包”的范围界定在“不干涉政治”的领域内。比如，他让刘师培讲授六朝文字但不允许其提倡帝制，请辜鸿铭讲授英国文学但不能提倡复辟、反对共和。因为在蔡元培看来，兼容并包的各种学说必须满足“言之成理，持之有故，尚不达自然淘汰之命运”的条件，否则，根本就不能出现在北京大学的讲堂上。

此外，虽然北京大学形成了各种派系学说，但蔡元培并不是完全没有约束。相反，他会根据不同情况有所提倡，有所约束。蔡元培作为一个民主主义革命家，在不同场合对体现民主科学的新学风、新观念、新思潮给予支持。正因为如此，北京大学才有可能成为新文化的圣地，以及爱国运动、传播民主科学思想的发祥地。陈独秀曾经对蔡元培“思想自由、兼容并包”的方针进行了恰如其分的诠释：“北京大学教员中，像崔怀生、辜汤生、刘中叔、黄季刚四位先生，思想虽说旧一点，但是他们都有专门学问，和那班冒充古文学家、剧评家的人不可同日而语。蔡先生对于新旧各派兼收并蓄，很有主义，很有分寸，是尊重讲学自由，是尊重新旧一切正当学术讨论的自由；并不是毫无分寸，将那些不正当的猥亵小说、捧角剧评、荒唐鬼怪的扶乩剑侠和毫无常识的丹田术数都包含在内。他是对于各种学说，无论新旧都有讨论的自由，不妨碍他们个性的发挥；至于融合与否，乃听从客观的自然，并不是在主观上强求他们的融合。我想蔡先生的兼收并蓄的主义，大概总是如此。”

不得不说的是，“思想自由、兼容并包”的方针，是蔡元培针对封建文化专制主义而言，提出的一个具有时代意义与革命意义的方针。在新思想和旧思想的激烈冲突下以及20世纪初期社会发生剧烈变化的国情下，蔡元培提出这个方针恰恰迎合了时代和历史的发展，给新思想、新观点的产生、发展以及传播准备了沃土。也正因为如此，北京大学校园里才出现了民主科学思想，并由此快速地传播开来。而从学术的发展规律来看，思想上如果缺少自由驰骋的动力，不同派系和学术观点之间如果没有形成竞争，学术发展也就失去了活力，这种情况下就难以让先进思想落叶归根。因此，蔡元培提出“思想自由、兼容并包”的方针和当时的学术发展规律十分吻合。当然，这个方针也有它不完善的地方，因为它极容易让一些人产生一概包容、不论新旧任其发展的误解。然而，在当时的历史条件下蔡元培提出的这个方针，在北京大学进行了实践，实践效果还是令人满意的，因为它让北京大学成为中国学术界的风向标。显然，这与蔡元培的努力是分不开的，他的历史功绩也是显而易见的！

4. 大力扶植社团

早期的北京大学学生并没有真正意义上的社团组织。在蔡元培出任北京大学校长之后，为了让学生们的学习兴趣越来越浓厚，他把每个班的班长召集在一起，建议他们成立一个学会，并承诺为他们筹备经费。在蔡元培的支持下，北京大学校园里的各种社团组织如同雨后春笋一般成长起来。每个系不仅成立了学会，如史学会、地质学会、数学学会、心理学会、文学会等，而且还成立了一些全校性质或者跨科系性质的社团，其中具有代表性的有：教育研究会、北京大学学术研究会、书法研究会、画法研究会等。同时还创办了一些颇具影响力的综合刊物和学术类刊物，蔡元培也会亲自担任一些社团组织的会长等职。当时有几个颇具影响力的社团组织，如新闻学研究会、进德会、哲学研究会、新潮社、雄辩会、少年中国学会、国民社、国故社、平民教育演讲团、马克思学说研究会、画法研究会、音乐会等。

进德会，成立于 1918 年 5 月 28 日，由蔡元培亲自担任会长，李大钊出任纠察员一职。该会倡导的是以高尚品德为核心，对入会会员也有严格的要求，按照其条件分为三种，即甲、乙、丙。不嫖、不赌、不纳妾的属于甲种，在此基础上加不为官、不做议员的为乙种，再加上不吸烟、不饮酒、不沾荤的为丙种。进德会在成立初期入会人数高达 500 人左右，其中学生 300 多人，北京大学教员接近 100 人。当时北京大学很多学科学长以及教授都加入了该会。

新闻学研究会，成立于 1918 年 10 月 14 日，蔡元培同样担任会长一职，文科教授徐宝璜任主任，《京报》创办者邵飘萍出任导师一职。同时，李大钊、高君宇、罗章龙等人都是这个学会的学员。该会成立的目的是让新闻事业得到积极发展。

哲学研究会，成立于1919年1月25日，以研究哲学新知为宗旨，由胡适、杨昌济、马叙伦等人发起。该学会在宣传唯物主义和唯心主义等学说方面，在校内外产生了较大的影响。

在“五四”前后，学校除了涌现出很多学术社团之外，还出现了具有重要影响力的偏政治倾向的社团。其中具有代表性的有：

国民社，成立于1918年12月20日，成员虽然以北京大学师生为主，但并不限于北京大学师生。该社以提升国民人格、研究学术、提倡国货为主要宗旨。李大钊担任该会顾问，邓中夏、高君宇、黄日葵等人都是该会的重要成员。1919年元旦，该会出版了《国民》杂志，蔡元培为杂志创刊号写了序言，并写下“正确”“纯洁”“博大”的六字期许。

新潮社，成立于1918年12月3日，发起人为徐彦之、罗家伦、傅斯年等。1919年元旦，《新潮》杂志出版。蔡元培为了表示支持，不仅为其题写了刊名，还为其提供每个月2000元的刊物经费。不容否认的是，《新潮》在反对封建文化方面的态度非常明确且鲜明，对新文化运动做出的贡献也是有目共睹的。

国故月刊社，成立于1919年1月26日，由黄侃、梁漱溟、刘师培等人发起。以保留中国最初、最固有的学术为宗旨，刊物上所载的文章都是用八股文、文言文写成，不采用新式标点和符号，内容上也是以攻击新文化运动为主。为体现学术自由原则，蔡元培还向其提供了经费上的支持，但好景不长，该社由于不受欢迎，最终在出了4期之后，宣布终刊。

平民教育讲演团，成立于1919年3月23日，由罗家伦、黄日葵、廖书仓等人发起。对于这个社团，蔡元培非常重视，认为平民教育思想是件好事。该讲演团从学校深入到工厂，甚至来到农村向平民宣讲知识和思想。可以说，它是知识分子和工农群众相结合的最好见证。

马克思学说研究会，从1918年到1920年，北京大学相继成立了3个马克思学说研究会。第一个是在1918年由李大钊发起的研究会，第二个是在1920年由罗章龙、刘仁静、黄日葵、朱务善等人发起的马克思学说研究会，由于得到蔡元培的足够支持，它在1921年11月被正式公开。第三个是由李大钊在1920年年底发起的社会主义研究会。虽然3个研究会成立的时间不同，但目的都是以宣传和传播马克思主义以及社会主义为宗旨，培养和组织学生参加革命活动。可以说，中国共产党早期的很多党员都是该研究会的成员。

少年中国学会，在1919年7月1日由李大钊发起，最主要的成员都来自北京大学师生。学会的建立就是以“创造少年中国”为宗旨。从发起之日起，蔡元培就给予了支持和称赞。之后，随着加入成员人数的增多，在思想信念上出现了偏差，最终不得不宣布解散。

北京大学涌现出越来越多的社团的同时，蔡元培也亲自参与创办一些具有代表性的刊物，除了《新青年》以及上述社团开办的刊物之外，还有《北京大学月刊》《北京大学日刊》《每周评论》等。创刊于1917年11月的《北京大学日刊》以及创刊于1918年9月的《北京大学月刊》，都由蔡元培直接领导。虽然两个刊物的侧重点不同，但它们对推进北京大学的学术研究和改革都起到了至关重要的作用。此外，由北京大学文科学长陈独秀和李大钊等人在1918年冬天创办的《每周评论》，与当时的《新青年》进行紧密配合，都是具有代表性的干预政治、针砭时弊、切合实际的刊物。从创刊之日起，类似于反帝反封建、俄国等国家的社会主义革命、五四运动等内容就出现在刊物上。

在学术自由的氛围之下，以及在蔡元培的表率下，北京大学从之前的死气沉沉到空前活跃，不得不说是令人振奋的。

5. 支持进步发起的“绝地反击”

蔡元培在出任北京大学校长期间，中国新文化运动也开展得如火如荼。蔡元培虽然有很好的旧学根基，还曾经是翰林出身，但他的思想并不守旧迂腐。对于新文化运动，他不仅带头去弘扬和传播民主科学精神，还不顾个人得失热情支持。由他支持的《新青年》刊物影响非常大，他提倡近代科学，赞同文学革命中所发起的白话文活动。

在全力支持与积极倡导新文化运动方面，最能表现蔡元培态度的是发生在 1919 年著名的“林蔡之争”。这一年 2 月，桐城派古文学家林纾出于对蔡元培提倡的新文化运动的仇视，在上海《新申报》发表了一篇对胡适、陈独秀等新文化运动领导人进行公开辱骂和攻击的文言小说《荆生》。在学术自由的年代，这根本不算什么，但事情并没有结束。3 月 18 日，林纾又在《公言报》上发表了一封《致蔡鹤卿太史书》的公开信，对蔡元培和北京大学发起了攻击。随后，他又在《新申报》以一篇《妖梦》小说为触发点，以卑劣不堪的方式对蔡元培、胡适、陈独秀等人进行了诽谤和侮辱。不仅如此，他还直接插手北京大学的事务，借助之前一个被北京大学辞退的顽固守旧、不学无术的教员，造谣惑众，诋毁蔡元培和北京大学。

在如此卑劣的挑战下，鲁迅、李大钊、陈独秀等人最先发起了反击。随后，蔡元培对林纾肆意捏造的谣言进行了义正词严的驳斥，并向其重申了“思想自由、兼容并包”的主张以及新文化运动所持的立场。无疑，蔡元培对林纾的回击效果是立竿见影的，不仅对林纾旧派给予了沉重的打击，还极大地鼓舞了新文化运动。接下来，全国各地的新派人士通过著文的方式对旧派进行了斥责，舆论优势完全被蔡元培掌控。面对各方的指责，林纾不得不写信承认自己出言不逊。其实，这场“林蔡之争”并不是普通的笔墨之争，而是守旧派与革新派、封建主义与民主主义之间进行的争斗。在这场事关原则性的论争中，作为民主主义思想代表的蔡元培，以鲜明的态度和坚定的立场向封建保守派林纾发起了保卫战。

蔡元培作为一位德高望重的教育家、北京大学校长，认为学生最主要的任务就是求学，虽然对于学生参加政治运动持保留意见，但在具有时代意义的五四运动中，在事关国家存亡的重要时刻，他并没有拘守于这一点，而是以慈爱和支持对学生们的行动给予最大的保护。1919 年 5 月 4 日，北京大学联合其他各校学生举行了盛大的集会和示威活动，3000 多人的示威队伍在当时算得上是声势浩大。出于对卖国贼曹汝霖的抗议，学生们烧毁了他的住宅赵家楼。军阀政府随即便派出军警进行镇压，抓走 20 名北京大学学生。当晚，得知学生被抓的蔡元培与司法部的王宠惠同学生们在北京大学大礼堂商讨营救事宜。蔡元培一再向学生承诺，会负责被捕学生的安全问题。晚上 9 点，他拜访了曾经帮过自己留学、现今被段祺瑞尊重的孙宝琦，请求他解救被捕的学生，孙宝琦表示非常为难。蔡元培从晚上 9 点一直坐到 12 点，可以想象，蔡元培为了解救学生，当时的处境是多么艰难。第二天下午，蔡元培在 14 个校长参加的解救会议上坚决地表示，为了保护学生的安全，自己可以去抵罪。随后成立了由蔡元培领导的校长团。为了尽快解救学生，校长团到教育部、总统府进行疏通，但徐世昌并没有接待他们。5 月 6 日，校长团又来到教育部、总统府进行交涉，声称如果能释放学生，蔡元培愿意以自己的性命作为担保。在蔡元培等人的全力疏通下，学生们终于被释放了。5 月 7 日，全体师生在蔡元培的带领下，在沙滩广场迎接释放的学生。此时的蔡元培流下了眼泪，这让很多学生都感受到了他的慈祥。

在五四运动中，蔡元培虽然没有直接参与到集会游行的队伍中去，但却极大地鼓舞和勉励学生，这也为爱国运动起着巨大的推动作用。为解救学生，他不顾个人安危，费尽心力，表现出他对教育、对学生、对祖国的热爱之情。

虽然蔡元培是个革命民主主义者，但对于社会主义的理想和运动、对马克思主义是怀有好感和敬意的。在俄国十月革命之后，他就发出了"劳工神圣光荣"的口号，并以慷慨激昂的演讲预言，未来的世界是劳工的世界。在他的支持和倡导下，1920 年 5 月 1 日，北京大学举行了庆祝劳动节的活动。从 1922 年开始，每年的 5 月 1 日就成为劳动节并且放假一天。他在《新青年》上著文表达了对社会主义的向往。在"思想自由、兼容并包"的旗帜下，他以北京大学校长的名义，支持李大钊、陈独秀等人研究和传播马克思主义。他还为图书馆购进大量关于马克思主义以及社会主义学说的著作，同意在北京大学讲台上向学生们传播社会主义运动以及马克思主义理论等方面的课程。

蔡元培从 1917 年到北京大学任职到 1927 年离开。10 年间，他重新塑造了北京大学。这 10 年是北京大学最为辉煌灿烂的时期，也是蔡元培建树最大、生命历程最为辉煌的时期。这 10 年间，北京大学成为全国瞩目、让无数青年向往的新文化运动中心，五四运动的发源地，为传播马克思主义起到了不可替代的作用。这一切与蔡元培的改革是分不开的。也正因为如此，蔡元培的名字已经和北京大学紧密联系在一起，他的精神、他的思想已经嵌入北京大学的历史中，并被世代传诵。

1927 年后，蔡元培仍然心系北京大学的发展。1938 年，步入晚年的他参加了北京大学 40 周年校庆并题词，这充分表明老校长对北京大学的一往情深。蔡元培去世后，师生以各种方式表达了对这位老校长的怀念及崇敬之情，并于 1982 年为蔡元培建立了青铜塑像，将其矗立在未名湖畔，作为对这位引领北京大学发展的老校长的纪念。

6. 蔡元培的傲骨：不做政府任命的校长

由蔡元培接手的北京大学在实现教授治校的过程中，如果发现学生有违反学校规定的情形，一定会严格处罚。1922 年 10 月，当时北洋政府拖欠了教育经费，大多数大学的财政状况不甚理想。而涉及讲义印刷的费用却不能被压缩，以北京大学为例，仅这一项支出就超过万元。在这种情况下，蔡元培召开会议并通过一项决议，规定需要讲义的学生应事先购买讲义券，凭券才可以换到讲义。这项决议并没有得到学生们的理解，也因此在北京大学校园里上演了抵制讲义的“讲义风波”。

由数百名学生组成的队伍在校园里集合示威，他们要求取消这项决议。蔡元培得知这个消息后，赶到学生们示威的现场，劝说学生应该遵守学校的规定。虽然大多数学生散开，但还是有一些学生对蔡元培的劝说不予理睬，甚至涌入校长办公室，当众要求蔡元培取消这个“万恶的规定”。当时的蔡元培一改平日里的温文儒雅，挥着拳头不甘示弱，还大声表示要和学生们决斗。包围办公室的学生见状不得不后退。之后，“讲义风波”在胡适的协调下才得以解决。

蔡元培在办学过程中一直强调“思想自由、兼容并包”，忍受不了政府官僚对北京大学办学的粗鲁干涉。早在 1919 年五四运动中，蔡元培就因为不满北洋政府对学生的迫害和严酷镇压而选择辞职，并于 5 月 9 日离开北京。随后，蔡元培的愤然辞职引发了“挽蔡行动”，北京各大学校的校长也在 13 日集体提交了辞呈。6 月 15 日，蔡元培发布了《不肯再任北京大学校长的宣言》，他在宣言中表示：“我是个痛恶官僚的人，能甘心仰这些官僚的鼻息吗？我绝对不能再做不自由的大学校长，绝对不能再到北京的学校任校长。”在各方面的积极劝说下，蔡元培才继续出任北京大学校长。

1923年1月，蔡元培再次提交了辞呈，第二天刊文发表了一份声明：“元培为保持人格起见，不能与主张干涉司法独立、蹂躏人权之教育当局再生关系，业已呈请总统辞去国立北京大学校长之职，自本日起，不再到校办事，特此声明。”蔡元培的这次辞职究竟缘于何种原因呢？这还要从“罗文干案”开始。罗文干，广东番禺人，清朝末期留学英国，专攻法学专业，获得牛津大学硕士学位。归国之后到司法局任职，并任财政总长一职，同时被北京大学聘请为法科讲师。在当时时局不稳的情况下，直系军阀和部分的政客蓄意控告罗文干贪污受贿，并胁迫黎元洪逮捕罗文干。起初，由于证据不足，罗文干被释放。但刚刚升任教育总长的彭允彝在内阁会上提议再次追查罗文干，结果罗文干再次被捕。

当时的蔡元培异常愤怒，他对自己的“顶头上司”教育总长彭允彝卑鄙的人格感到厌恶，于是毅然决然地提交了辞呈，并抨击了军阀政客们的丑恶嘴脸，他写道：“耳目所及，举凡政治界所有最卑污之罪恶，最无耻之行为，无不呈现于中国”，“元培目击时艰，痛心于政治清明之无望，不忍为同流合污之苟安，尤不忍于此种教育当局之下支持教育残局，以招国人与天良之谴责”。之后，蔡元培远赴欧洲从事学术研究，并于1926年回国。

纵观蔡元培在北京大学的治校生涯，他一直强调教育应该脱离政治，要有绝对的自由度，他最不能容忍的就是一些官僚政客对教育的横加干扰，为此，他不惜以辞职来抗争。蔡元培在担任北京大学校长期间，虽然自己在学校的时间少，但并没有影响到日常校务，相反各项事务都在稳步进行着。之后，有人将这些归因于蔡元培实施的评议会以及教授会制度，这不得不说是蔡元培在治校方面发起的新风。

第二章

北大“功狗”蒋梦麟：负笈西洋，学贯中西文化

蒋梦麟谈大学精神：

“学校里面，各种思想能自由发展，不受一种统一思想所压迫，故各种思想虽平时互相歧异，到了有某种思想受外部压迫时，就共同来御外侮。”

在北京大学历任校长中，蒋梦麟是最值得纪念的一个。他不仅是北京大学校长中在职时间最长的一个，还以自己的满腔热情为北京大学做出卓越的贡献。关于他做出的贡献，傅斯年曾有过最恰当的评断：论人格魅力，蒋梦麟不如蔡元培；论学问，胡适比他高，但蒋梦麟的办事能力却高于两人之上。蒋梦麟本人也认可傅斯年的看法，同时还进行了调侃，认为胡适和蔡元培如果是北京大学的功臣，那么自己不过是北京大学的“功狗”。他为何将自己比作北京大学的“功狗”呢？这与他早年的经历、教育思想以及在北京大学的经历有关。

人物小传

蒋梦麟（1886—1964），浙江余姚人。曾经担任国民政府第一任教育部部长，并在北京大学长期担任校长一职。蒋梦麟 5 岁就被父亲送进了学堂，生性厌恶死板读书的他，曾多次从学校逃回家。12 岁之后，他先后进入绍兴中西学堂、上海南洋公学以及浙江高等学堂。22 岁时，蒋梦麟去日本参观。1920 年 10 月，蔡元培出国考察期间，蒋梦麟全权代理北京大学日常校务。

1. 蒋梦麟早年经历

1886 年 1 月 20 日出生于浙江余姚蒋村的蒋梦麟，由于出生当日他的父亲梦到一只熊来到他的家中，便为儿子起名为梦熊。之后由于蒋梦麟在浙江高等学堂罢课闹学潮，被列入黑名单，因此又将梦熊改为梦麟。

蒋梦麟家境富裕，父亲在当地小有名气。喜欢发明创造的父亲，曾效仿西洋的模式盖了一座洋楼，还建造了一艘轮船。楼房的确建成了，但轮船却因为技术不过关而失败了。为此，他将建造轮船的梦想寄托在儿子蒋梦麟身上，希望他接受现代教育，将来有一天能制造出轮船来。

蒋梦麟 5 岁就被父亲送进了学堂，生性厌恶死板读书的他，曾多次从学校逃回家，并立下杀了私塾先生、烧毁私塾的毒誓。然而在父母看来，他的毒誓好比是恶作剧，他们谁都没有当真。这从一个侧面反映出，当时人们在教育孩子时的心态和观念已经在发生改变。

蒋梦麟虽然没有挨打，但还是回到了私塾，过着那种让他苦不堪言的读书生活。在他看来，读私塾好比蹲监狱，唯一的区别就是：真正的监狱让犯人看不到希望，而读私塾的学生们却可以对前途抱有无限的憧憬。那些学识渊博的贵人大多也经过如此苦读的煎熬。想到这里，蒋梦麟才忍受了读私塾的煎熬。其实，蒋梦麟最初的梦想并没有脱离国家，也就是儒家所说的修身、齐家、治国、平天下。这属于一种没有脱离传统社会的个人奋斗，即学成之后，要为国家和人民尽心力、做些事。

据蒋梦麟后来回忆，读古文、听故事、观察大自然，是他童年接受教育最主要的来源。这让他养成了与众不同的理解力和观察力。加之他讨厌死记硬背、喜欢独立思考，也就有了之后的成就。12 岁之后，他先后进入绍兴中西学堂、上海南洋公学以及浙江高等学堂，并通过个人努力，在 18 岁时就考中秀才。当蒋梦麟在绍兴中西学堂求学时，蔡元培正好担任校长。让他没有想到的是，十几年之后，他会在北京大学协助蔡元培治学。南洋公学是交通大学的前身，对蒋梦麟的人生发展也产生了很大的影响。该校在开办初期便借鉴了西方的经验，提倡德、智、体全面发展，开设有中学和西学课程。中学课程主要包括四书和宋明理学，而西学主要包括西方历史文化以及新兴科学知识。在此求学期间，蒋梦麟认识到，研究学问首先应该具有强健的体魄，然后再对中外道德进行对比和研究。通过比较研究，蒋梦麟学会了思考，并理智地判断是非。如此一来，那些传统的信仰就不能轻易左右他的思想了。在他看来，这好比是思想上得到了升华。这也让他认识到要救国，必须要先救自己。

为了开阔眼界，蒋梦麟在 22 岁时去日本参观学习。在日本参观的日子里，他感触最深的就是日本教育的普及，同时他也认为这是日本跻身世界强国的关键要素。没过多久，他到美国留学，选择了农学作为“以农立国”的根本。但他的一位朋友劝他，农学虽然重要，但对于立国来说，其他学科可能更加重要。这位朋友认为，如果仅仅把目光局限在农学这个小圈子里，就无法得知农学以外的问题，这样就很难解决社会问题。听了朋友的劝说后，蒋梦麟有些动摇。恰逢他下乡实习的时候，看到一群活泼天真的孩子去上学，这个场景一下子勾起他儿时的记忆。他突然意识到，与其研究如何发展农学，还不如研究如何培养人才。于是他放弃农学，改学教育。如此一来，蒋梦麟的兴趣就更加宽泛，文学、哲学、外交、军事、历史等方面的书籍都有所涉猎。他的这种因为兴趣和理想而改变专业的做法，和胡适、鲁迅等人十分相似。

蒋梦麟在美国留学期间，仍然将兴趣点放在东西方文明的比较研究上。思维活跃的他喜欢拿中国的尺度去衡量西方的事物，这让他发现自由教育一直贯穿于西方现代文明发展中。他认为，西方的自由教育实际上是借助旧知识获取新知识的过程。

2. 确立教育思想

初到美国的蒋梦麟就读于伯克利的加利福尼亚大学。校园大门上有很多形态各异的男性裸体雕像，图书馆里也有很多希腊女神的裸体塑像。初次见到这些塑像的蒋梦麟百思不得其解，不清楚学校为何将这些“猥亵”的东西摆放在学术圣地。后来一位伦理学教授告诉他，摆放一些男性的裸体像，目的就是让女学生纠正忸怩作态的习惯。蒋梦麟也明白，完美的思想与完美的身体密不可分。在美国留学期间，蒋梦麟还认识到美对于希腊人来说具有非常重要的意义，或许正是因为如此，许多和美学相关的伟大作品都诞生于希腊，从而让希腊文明成为西方近代文明的根基。在这种情况下，将体育和美育有效地结合在一起，让学生身心都得到发展，才是最理想的教育形式。从加利福尼亚大学毕业后，蒋梦麟又进入哥伦比亚大学。著名实用主义哲学家杜威是他的老师。

回国之后，他在商务印书馆担任《教育杂志》编辑以及《新教育》杂志主编，并发表了大量阐释自己教育思想的文章。在他看来，每个人的价值在于他自身的秉性与天赋，而教育所需要做的就是要尊重和维护这种价值，让每个人的特性都顺其自然地发展下去。体育、美育以及智育的作用，就是让人的特性发展到极致。蒋梦麟还认为，蔡元培之所以提出将宗教替换成美育，是因为蔡元培的思想观念中有和希腊人一样，对美自然而然表现出来的敏感。他既喜欢中国传统的山水画，又喜欢西洋油画。他对宗教的见解也是中国人最基本、最传统的见解，认为宗教是道德不可或缺的一部分。他希望人们以爱美的习惯提升自身的道德观念。

留美期间的蒋梦麟对第一次世界大战有过深入的思考和体会。回国后，他撰写了《和平与教育》，文章中谈及了许多有关教育本质的问题，因此这本著作可以看作是反映他教育思想的代表作。在文章中，蒋梦麟开门见山地指出，和平是正义的同义词。世界上有正义就会有和平，假如正义扫地，虽然没有爆发战争，也不是真正的和平。蒋梦麟认为，推行民主政治非常必要，这种政治最终的目的是要让每个平民都养成健全的人格。只有这样，社会才能进步，才能算得上是真正的和平。紧接着他又指出，中国的教育，要改为平民主义教育，这就需要从以下几方面进行努力。第一个方面，改变此前那种萎靡不振的恶习，养成独立思考的精神。第二个方面，改变此前读书越多、身体越弱的传统，要养成健全的人格。第三个方面，改变之前遇事武断或者感情用事的习惯，养成理性思考的能力。在这篇文章中，蒋梦麟还有针对性地对社会进步提出了改进措施。第一要改进起居，第二要振兴实业、修筑道路，第三要大力推进学术发展。在他看来，前两项改进属于物质方面的改进，好比是生活在浑浊不堪的臭水沟里的人，只能是精神疲倦、骨瘦如柴；后一项改进属于精神方面的改良，国家只有大力发展学术，并极力为学术发展营造沃土，才能提高学术的创新能力。

留学归来的蒋梦麟，正赶上中华职业教育社的成立。在当时，社会上都在倡导职业教育，这种呼声似乎已经成为主流。但蒋梦麟对此却非常冷静。在他看来，发展职业教育固然重要，但如果只将精力放在职业教育而不发展其他教育的话，将会产生很多问题。为此，他分别写了《教育与职业》《职业教育与自动主义》等文章来纠正社会上所倡导的职业教育。他指出，教育的根本是教人一种解决问题的方法，出现问题如果不能够解决，那就不是成功的教育。从这个方面讲，职业教育无非是一种教人一技之长而生存的方式。但是，一个社会或是一个国家不光只有职业问题，还会有很多其他问题，它们最终都是需要用教育的方式来解决的，这才是学校应该具备的功能。因此，职业教育绝不能是教育的全部，而只是其中一小部分而已。

与蒋梦麟有着相近想法的还有蔡元培。比如，蔡元培在《普通教育和职业教育》的讲演中，曾将职业教育比作房屋，而普通教育是地基，假如房屋建到高层时才发现地基不牢靠，就一切晚矣。他认为，普通教育最重要的不是让学生变得“有价值”，而是让他们养成健全的人格以及独立思考的能力。

3. 与北京大学结缘

“五四”时期的蒋梦麟正陪同恩师杜威在上海进行访问。“五四”之后，蔡元培委托蒋梦麟主持日常校务。蒋梦麟还记得蔡元培临走时对他所讲的，把权利交给自己，责任由蔡元培承担。蔡元培虽然离开了北京大学，但学生在运动过后的状态还是让他放不下心。他的担心也不是没有理由的，因为学生们可能因为胜利而陶醉，他们既然尝过权利的味道，之后的欲望或许就难以满足了。

学生会负责人张国焘和段锡朋很快便拜访了接受蔡元培委托后的蒋梦麟。两人向蒋梦麟表示了代表北京大学全体同学欢迎他担任北京大学代理校长的职务。随即，蒋梦麟便起身赶往北京大学，担负起代理校长一职。在蒋梦麟到达北京后，蔡元培就发表了《蒋梦麟代办北大校务启事》：“元培因各方面督促，不能回校任事。唯胃病未瘳，一时不能到京。今请蒋梦麟教授代表，已以公事图章交与蒋教授。嗣后一切公牍，均由蒋教授代为签行。校中事务，请诸君均与蒋教授接洽办理。”

蒋梦麟初次来到北京大学，面临的首要问题就是如何评价声势浩大、影响深远的学生运动。师生通过集会的方式热烈欢迎蒋梦麟。在欢迎会上，他发表了慷慨激昂的演讲，着重阐释了老校长蔡元培的治学精神和伟大品质，还表示，蔡元培自身的伟大品质就是从学问中修炼来的，并勉励学生们认真求学以便救国。

在北京大学毫无根底的蒋梦麟，究竟有什么资格出任代理校长一职呢？特别是蒋梦麟与江苏教育会有着密切的关系，而当时一些教授也认为江苏教育会会给北京大学的发展带来不利影响，因此对蒋梦麟还是持反对态度的。在五四运动过后，北京方面想解散北京大学。那时江苏教育会的蒋梦麟和黄培炎等人就曾设想过，如果倡导新文化运动的北京大学被解散了，他们就会聘请北京大学的教授和学者来南方，重新组建一所大学，作为新教育的重镇。无论这样的建议出于何种目的，北京大学和江苏教育学会之间就难免会存在戒备心理。然而现实的情况是，蔡元培自己亲自选定蒋梦麟任代理校长，不让他接任蔡元培又该如何呢？假如不让蒋梦麟当代理校长，而蔡元培又不回来，岂不是妨碍了大局？为了从大局考虑，和蔡元培关系密切的马叙伦等人开始在北京大学的教授和学者中做疏导工作，让他们降低对蒋梦麟存在的戒备甚至是敌对情绪。蒋梦麟似乎也很识相，在出席欢迎宴会时，他非常谦逊地表示自己只是替蔡元培捺印子的，一切事务还要请大家主持。

教授和学者自然对蒋梦麟表现出的谦逊姿态感到满意，于是大家欣然接受了他出任代理校长的决定。蒋梦麟的做事手腕不仅表现在与职员的人际关系上，而且通过他的治理，北京大学的秩序井井有条，并很快恢复了良好的治学氛围。那些此前怀疑蒋梦麟的治校能力以及对他指指点点的人，无不降心相从。可以肯定的是，北京大学秩序得以恢复，蒋梦麟有着很大的功劳。他为此也吃了不少苦，付出很大的代价。在他看来，这段在北京大学任职的经历让他难忘，一方面他忍受一些教授对自己的冷言冷语，于是他下定决心，一定要改变这些教授对他的看法；另一方面也许是他自身的人格魅力感动了他们，在日常的治学中，很多人又都在帮忙，这让北京大学很快又焕发了生机。

纵观蒋梦麟的一生，他是个将培养人格、改变人生态度与教育紧密联系在一起的人。虽然在对待学潮的态度上，他曾一度批评，但他也认为五四运动对于中国来说也是希望的起点，并将此前的萎靡不振、畏首畏尾等社会形态一一扫除。在蒋梦麟看来，除了教育独立、教授治校、学生自由等要素以外，还应该有学生自治。关于学生自治，在蒋梦麟的两次演说中都得以体现出来。第一次是在1919年10月北京高等师范学校举行的校庆纪念会上。五四运动过后，学生自治会也就是学生会便成立了，此时的蒋梦麟提出3个要点。第一个是关于学生自治的精神，第二个是关于学生自治责任的问题，第三个是学生自治可能产生的问题。蒋梦麟认为，学生自治的精神，应该是一种公共意志。任何一个团队有了公共意志，其他人就会在潜移默化中受到感染，否则，这个团队就很难得到顺利发展。所以，学生社团结合最关键的不是什么规章制度，而是要让全体成员养成一种公共的意志，也就是养成一种精神。蒋梦麟还表示，学生自治不要赶时髦，也不要推翻老师，而应该是一种移风易俗的爱国运动。成员应该用一颗移风易俗的爱国心，培养出这种自治精神。

在关于学生自治的责任问题上，蒋梦麟认为应该从4个方面入手，即尽一切可能提高学校的办学水平和学术水平，树立起公共服务的观点，培育和生产出更多的文化，为改良社会做出表率作用。至于学生自治可能引发的问题，比如说，学校该不该管学生们的个人行为，学生与老师之间发生矛盾该如何解决，蒋梦麟对此也做了解答。

蒋梦麟关于学生自治的第二次演讲是在1920年9月的北京大学开学典礼上。和前一次在北京高等师范学校侧重于学理式演讲不同的是，这次的演讲则偏重于现实。他心平气和地和学生们解释应该遵守学生会章程，还强调北京大学是个令全国瞩目的学校，学术研究和品行教育都不缺，缺的就是团体生活。希望每位学生在谋求自身发展的同时，也要兼顾团体的发展。让学生自治而不是“治自”，北京大学依靠的不是严格的法纪而是让人动情的感情化，这才是蒋梦麟心目中最理想的办学理念。

1920年10月，蔡元培出国考察期间，蒋梦麟再次全权代理日常校务。

1923年，教育总长彭允彝粗暴地干涉司法，不甘与其为伍的蔡元培愤然辞职，蒋梦麟自然而然地担任代理校长一职。直到1926年北洋军阀将蒋梦麟列入黑名单之后，他才被迫离开北京大学逃往东交民巷。当年秋天，在友人的帮助下他抵达了相对安全的上海，从此便结束了近七年的代理校长生涯。

蒋梦麟作为蔡元培的接任者，认为北京大学精神首先是一种公共意志，然后还是一种学风。但如何让北京大学精神发扬光大并建立起良好的学风，却不是件轻松的事情。蒋梦麟在1922年曾表达出内心的苦闷。他认为，受国内政治的影响，想一心办好教育已然变得不容易，政治的纷乱，给教育界带来很大的打击。在当时政治腐败的情况下，大家不能谈及关于政治的问题。只要谈政治，就会受到仇视和摧残，无奈之下，很多人都选择了闭口不言。面对这样一个缺少公平的社会环境，很难讨到公道。蒋梦麟思来想去，认为应对的方法只能是提高学术。但在人才和经费上的不足，蒋梦麟想通过提高学术来养成一个学术化的学风，就显得异常艰难。

1924年11月，蒋梦麟在《晨报》发表了关于讨论政治与学术之间关系的文章。文章指出，知识界要成为一个阶级，必须满足两个条件，第一是社会上要有相当大的势力，第二是要形成一个足以团结的组织。然而当时中国知识界的现状是：人数上既没有形成一定的势力，组织上也过于分散，根本难以形成阶级。蒋梦麟分析认为，社会能影响到政治，政治也能影响到社会；社会影响到学术，学术也能影响到社会。无论从哪一方面做起，他们之间都是相互影响的。

此外，蒋梦麟还提出知识界参与政治的条件和界限。所谓的条件，就是不参与维持现状的政治，更不能因为参与政治使学术研究遭到破坏。而所谓的界限，就是不要忘记自身的本职工作，否则就会让自身的价值失去意义，从而对政治改良起不到一点好处。蒋梦麟发表的这些意见，在当代具有重要的现实意义。

4. 有魄力、有担当的豪杰

蒋梦麟在北京大学经历了3个不同的时期，即北洋政府时期、国民政府初期以及抗日战争时期。这3个时期又恰好是7年左右。当时的北洋政府经常拖欠教育经费，虽然这个时期的政治跌宕起伏，但北京大学却在有识之士的主持下，安稳前行。图书馆的藏书量不断增多，实验室里的设备也越来越完备，甚至还聘请到国际著名学者罗素和杜威等人，由此可以看出，蒋梦麟为北京大学做出的贡献有多大。

在南京国民政府宣布成立之后，蒋梦麟担任了浙江省教育厅厅长以及教育部长等职。1930年年底，为了振兴北京大学，蒋梦麟被任命为北京大学校长，但此时的他却返回杭州。为什么会这样呢？根据胡适的回忆，蒋梦麟不愿意回到北京大学，因为那个时期北平高等教育的发展早已遇到瓶颈，并陷入一种山穷水尽的地步，即使蒋梦麟再回去也很难整顿好大学。北伐刚完成时，北京大学就已经被贬为北平大学下属的一个部门，经过陈大齐的管理，才得以恢复独立。那时北京改成了北平，早已经不是人才济济的全国文化中心了，很多人才都纷纷去南方谋求发展。因为在当时，一个大学教授每个月的俸给最高也不过300元，甚至还比不上政府各部的科长俸给多。北平的各所大学已经不能招揽到人才，不得不请那些留在北平的学者或教授授课，结果便出现一人身兼数门课程的情况。比如，温源宁当时就兼了5个教授、3个主任之名，到处去授课，往往一个人便包揽了好几个人的授课内容。

当时对于北京大学革新，最重要的问题就是从哪里筹集到改革的经费。

中华教育文化基金董事会（简称：中基会）便应运而生。蔡元培、蒋梦麟、胡适等人均担任要职。胡适提出一个方案，提请中基会全体人员进行讨论。该方案的内容主要包括：中基会和北京大学每年拿出20万元，期限为5年，作为合作的特别款项，用于聘请专职教授以及购买教学用具等。按照预算，提高聘请专职教授的年俸，规定他们每周至少授课6小时，并承担其指导学生研究的工作，并规定专职教授不能兼任校外的一切职务。

中华教育文化基金董事会经过半年左右的商讨和考察后，最终决定聘请15人为专职研究教授。其中有负责文学的徐志摩、周作人、刘复，负责心理学的汪敬熙，负责化学的曾昭抡、刘树杞，负责物理学的王守竞，负责数学的冯祖荀，负责生物学的许骧，负责地质学的李四光、丁文江，负责法学的刘志扬，负责经济学的赵乃抟，负责史学的陈受颐，负责哲学的汤用彤。

在1948年北京大学50周年校庆之际，蒋梦麟得到胡适这样的评价：“话说民国二十年一月，蒋梦麟先生受了政府的新任命，回到北大来做校长。他有振兴北大的决心，又得到了中华教育文化基金董事会的研究合作费国币100万元的援助，所以他能放手去做。到全国去挑选教授与研究人才。他是一个理想的校长，有魄力、有担当，他对我们3个院长说：辞退旧人，我去做；选聘新人，你们去做。”

众所周知，得罪人的事情就是辞退旧人，蒋梦麟敢于主动承担此事，这除了他对北京大学的责任心，还和他的人格追求有着密不可分的关系。蒋梦麟是以儒立身，以墨治学。他尊重一切形式的个人自由，对于学术研究，他从来不加干预，对于琐碎的是非之争他也看得很淡，因此蒋梦麟能高人一等地超脱复杂的人事纠纷。难怪胡适对他的评价是“有魄力、有担当”的大学校长。

5. 抗战中的北京大学

就在蒋梦麟全力谋求北京大学发展之际，爆发了“九一八”事变。没过多久，山海关和承德等地落入日本侵略者之手，而平津一带也战云密布。此时的北京大学为了救治受伤的抗日将士，成立了一支由蒋梦麟夫人担任院长的伤兵医院。在抢救伤兵的过程中，蒋梦麟感触最深的就是中国军队虽然在武器装备上落后于日军，但他们敢于用自己的血肉之躯进行抵抗。他认为，中国人民就是凭借这种不屈不挠的精神在漫长而痛苦的斗争中显示出大无畏的昂扬斗志。虽然有人不断面临生死考验，但始终没有退缩，最终赢得战争的胜利。

除了中国军队在作战方面的愈战愈勇，中国很多大学也起到了精神堡垒的作用，而大学校长无疑是众人的精神领袖，蒋梦麟在这方面确实令人钦佩不已。比如在 1935 年，蒋梦麟联合北京各所大学校长和教授等人发表了宣言，坚决反对华北自治运动，并斥责冀东伪政府。为此，日本宪兵将蒋梦麟带到位于北京东交民巷的日本兵营让他对其发表的宣言进行解释。具有大无畏精神的蒋梦麟来到日本兵营后，一个日本大佐以“配合调查”为由想将蒋梦麟挟持到大连。形势异常紧急，蒋梦麟并没有慌乱，而是非常平静地告诉日本大佐挟持一个大学校长恐怕会成为让世人唾弃的笑柄。蒋梦麟的大义凛然让敌人无计可施，最终放了他。

事后，虽然有人劝蒋梦麟离开北平，但他还是留了下来。从民国十九年到民国二十六年的 7 年时间里，蒋梦麟竭尽所能为北京大学谋发展，希望能平稳地闯过战乱冲突下的惊涛骇浪。在胡适、丁文江、傅孟真等人的帮助下，北京大学的学术研究和教学水平有了很大提升。同时，学生也集中精力求学，曾经是学生运动和革命中心的北京大学，已经变成学术中心了。

在卢沟桥事变爆发之后，北京大学、清华大学与南开大学共同组建为长沙临时大学，学校的日常事务由三校校长同时领导。在这种情况下，蒋梦麟一方面组织师生南下来到长沙，另一方面将北京大学的日常事务交给“留平四教授”，即周作人、马裕藻、冯祖荀、孟森。蒋梦麟到达长沙后，清华大学校长梅贻琦和南开大学校长张伯苓都没有赶到。有人担心三所大学在一起会产生矛盾，甚至有人提出了假如清华大学和南开大学校长不来就散火的想法。蒋梦麟听到这些消息后，声色俱厉地表示，不要有这种想法，既然政府决定将三所大学组建在一起，就要全力以赴地办下去。不久之后，长沙临时大学迁到云南，“国立西南联合大学”也由此而来。可以说，三所大学的合作，在抗战中不仅为中国保存了学术研究的火种，而且还振奋人心。但中国知识分子的经济现状却令人担忧，为了改变这种情况，“中国救济联合会”成立，想通过官方的途径请求得到美国政府经济上的援助。蒋介石得知这个消息后，以中国知识分子不应该接受美国施舍为由，否决了这个援助计划。在很多人看来，这是蒋介石丧失民心的一个表现。也正因如此，很多知识分子成为革命分子。

这种状况被蒋梦麟看在眼里，他自然万分担忧。蒋梦麟把美国对中国知识分子经济上的援助不能实施告知大家后，在场的听众都表达了不满。在这些人看来，因自身贫困去接受美国的经济援助并不是件丢人的事情。蒋梦麟只能安抚他们。其实蒋梦麟担忧的是，中国知识分子骨干究竟能不能被保留下来，中国到底会不会因为失去优秀的教师队伍而陷入无研究、无学术的混乱中去。此时的蒋梦麟也感受到中国高等教育确实遭到严重的损害了，这对于一心想振兴教育事业的他来说，无疑是无奈的。正因为这种无奈，蒋梦麟将精力进行了转移，在抗日战争前夕，他出任行政院秘书长一职，离开了服务多年并建下不少功绩的北京大学。

6. 办事高明的北大“功狗”

20世纪30年代，蒋梦麟在担任北京大学校长期间，一直致力于学校的发展。到了抗战时期，他亲自为西南联大奔走，不辞辛劳。当西南联大在昆明“定居”之后，蒋梦麟成为该校常委之一。虽然他不经常在昆明，但在思考学校发展方面却没有一刻停歇过。在当时西南联大三校联合开办的情况下，蒋梦麟认识到与实际的教育理念存在偏差，因此郁郁寡欢。1943年，他给胡适的信中写道：“联大苦撑五载，一切缘轨而行，吾辈自觉不满，而国中青年仍视为学府北辰，盛名之下，难副其实。图书缺乏，生活困苦（物价较战前涨百倍以上），在此情形之下，其退步非人力所可阻止。弟则欲求联大之成功，故不惜牺牲一切，但精神上之不痛快总觉难免，有时不免痛责兄与雪艇（即王世杰）、孟真（即傅斯年）之创联大之议。数月前在渝，孟真责我不管联大大事。我说：‘不管者管也，我发狠时很想把你们三人，一人一棍打死。’”

可以说，蒋梦麟对当时西南联大存在的不满，完全是那个时期特殊情形下的思想。因为他一直认为良好的教育必须要有良好的环境作为支撑。他曾经说过“教育青年的地方，是在山林花草、鸟鸣虫嘶的天然景内，不在臭虫跳蚤的囹圄内”。因此他将北京大学的发展全都寄托在抗战的胜利后，并提前在1942年酝酿好抗战结束后北京大学的发展目标和办学方针等。他在1943年元旦期间写给胡适的信中，对北京大学未来的发展做了比较明确的设想：

第一，以北京大学一贯的政策并结合蔡元培治学立身精神为根本，抗战结束后，在北京大学设立文史与自然科学中心，重点发展文史以及应用科学。

第二，无论学生选择何种科目学习，必须精通一门外语。

第三，注重学生个性的养成与培养。

第四，加强学科方面的训练，考试不及格者责令留级甚至是退学。

第五，邀请美国大学在北京大学设立讲座，派优秀学生到美国大学留学，并设立奖学金。

可以说，蒋梦麟的这些设想既继承了北京大学固有的光荣传统，还为北京大学未来的发展注入鲜活因子，可见蒋梦麟对北京大学的发展也是见地深远且心情迫切的。

但后来的某些人对蒋梦麟的评价却异常苛刻，他们对于蒋梦麟请回胡适、重新制定北京大学的规章准则、与国民政府所处的关系、和中华教育基金会展开的合作、对学生运动持反对态度等，大多持指责态度。这些人认为，蒋梦麟遗弃了蔡元培的“思想自由、兼容并包”，受控于国民政府，并压制着学生们的爱国运动，是个口头标榜学术自由、民主但实际却推行专制统治的圆滑政客。其实，如果抛开这些有色眼镜，这些人对蒋梦麟的评价实在是有失偏颇。第一个问题是，那个年代到底需不需要教育呢？毋庸置疑，当然需要教育，但绝不能脱离当时的社会环境去谈教育。平心而论，蒋梦麟和蔡元培一样，都深爱着北京大学，他曾不止一次地表示要将北京大学建设成为全国最著名的高等学府。他还曾写过“你是青年的慈母，我祝你永远健康生存”这样的祝福语。

第二个问题是，蒋梦麟不是一个政客，因为他没有把北京大学作为当官的资本去折腾，只不过他没有像蔡元培那样坚持不允许政府官僚干预治校，而是选择了合作。在他看来，北京大学的发展，只有选择合作才能有利于它的存在。

况且，蒋梦麟根本就没有把北京大学当成是为国民党培养“党棍”的工具，这就足矣。

第三个问题是，对于学生运动，在那个年代，救国无论是对于学生还是校长而言都是一个难以取舍的问题。按照蔡元培“读书不忘救国，救国不忘读书”的观点来看，蒋梦麟所考虑的是北京大学的整体利益。

其实，蒋梦麟还有另外一面。现实生活中的蒋梦麟风趣幽默，即使在他最为困难的时候也能保持乐观并谈笑风生。初到北京大学时，由于和陈独秀气味相投，两个人便经常在一起沟通交流。他也经常会幽默地对陈独秀说：“我们两个人，有一个相同的习惯，在参加筵席宴会的时候，一坐下来，我们总爱把冷盘或第一、二道菜尽量地吃，等到好菜来时，我们吃饱了，所以大家说笑话，称我们这两个急性子‘同病相怜’。”

从蒋梦麟和陈独秀的身世背景来看，两个人都是秀才出身。清朝时期的秀才分为两种，第一种是考八股时中的秀才，也称为八股秀才，之后由于废除了八股，取而代之的是考策论，因此就称为策论秀才。这种秀才在当时已经有些洋气了，但没有八股秀才值钱。正因为如此，才出现了以下这样一段对话。

陈独秀问蒋梦麟：“唉！你这个秀才是什么秀才？”

蒋梦麟说：“我这个秀才是策论秀才。”

陈独秀说：“那你这个秀才不值钱，我是考八股时进的八股秀才。”

蒋梦麟说：“失敬，失敬。你是先辈老先生，的确你这个八股秀才比我这个策论秀才值钱。”

不仅如此，蒋梦麟与傅斯年、胡适等人无话不谈。傅斯年曾指出，论学问，蒋梦麟不及蔡元培，但论起办事，蒋梦麟却高明很多。而后，蒋梦麟也幽默地将自己比作北大“功狗”，这不得不说是个妙喻。

第三章

“南开之父”张伯苓：转移风俗，创造私立大学神话

张伯苓谈大学精神：

“研究学问，固然重要，而熏陶人格，尤其是根本。”

“试问，学校之设施是否合乎国家之需要？对于学生之输入，是否合乎社会之需求？造就之人才，是否将来有转移风俗、刷新思潮、改良社会之能力？若曰不能，是自小视教育也……若仅为个人增加知识技能而办教育，则教育神圣亦不足称矣。”

真正意义上的现代大学在中国只有短短100多年的历史。而当初的大学，主要包括国立、私立、教会3种形式。由于创立大学需要筹备大量资金，且学校的目的不是盈利而是发展教育事业，因此私立大学的创办就比国立大学艰难很多。而在这方面，张伯苓创办的私立南开大学绝对称得上是中国大学史上乃至教育史上的一个奇迹。因为与国立大学相比，张伯苓不仅缺少由政府拨付的教育经费，还缺少相对应的优越条件。开办私立大学，张伯苓是个成功的拓荒者。

对于张伯苓教育思想的讨论一直就没有停止过，有人认为他是爱国教育思想，有人认为他是民主教育思想，还有人认为他是科学教育思想……其实最能体现他的教育思想的是张伯苓在南开大学的校训中提出的“允公允能”。按照张伯苓的想法，就是要培养学生爱国爱群的公德心，并服务于社会。可以说，张伯苓将南开大学带入了一个具有里程碑意义的时代，并成为南开大学的一个精神符号。

人物小传

张伯苓（1876—1951），字伯苓，现代著名教育家。1876年出生在天津。早年进入北洋水师学堂学习驾驶，毕业之后留在海军，不久便离职回到天津执教于家馆。1904 年，张伯苓赴日考察教育，学成归国后，将家馆取名为敬业中学堂。1907 年迁入由当地绅士捐赠的6000多平方米的土地上，并改为私立南开中学堂。辛亥革命时期，“学校”二字取代了“学堂”。1918 年，在张伯苓的主持下，南开大学正式成立。

1．“弃武从教”的真实原因

祖籍山东的张伯苓于1876年清明节当天出生。他的祖辈以贩卖粮油杂货为生，由于生意兴旺，家境殷实，张伯苓的祖父和父亲都想通过科举之路成就梦想。但两个人的科举之路走得并不顺利，在接连遭遇落榜后，两人心灰意冷。到了张伯苓出生的时候，家里已经沦落到靠给人打零工才能度日的地步。

从小就聪明过人、性情刚直的张伯苓因为交不起学费，只能到免费的北洋水师学堂学习。此时著名的思想家严复在学堂担任总教习。张伯苓在学堂学习期间，成绩一直名列前茅，他不仅从中学习到很多科学文化知识，还受到西方思想的熏陶。按照学堂的规定，学员修业期满还要到船上实习一年。当张伯苓信心满满地踏上实习之路时，甲午中日海战爆发。之后，虽然中国海军的实力比日本海军强很多，但却被敌人打得一败涂地，甚至连一艘实习的军舰都没有留下。张伯苓怀着异常悲愤的心情暂时留在家中。战争结束之后，他以下级军官的身份来到一艘幸存的练习船上，船上官兵士气的低落以及自己的所见所闻，让张伯苓感到十分失望。

战败后，中国与日本签订的诸多不平等条约再一次让张伯苓感到耻辱，他开始认真思考中国落后的症结。在愤怒和悲楚之下，他得出这样一种坚定的信念：中国想要摆脱这种落后挨打的局面，必须要尽快发展新教育。于是他决心把精力投向教育救国上面。张伯苓从自己的亲身经历也感觉到，救国之策，不在于购买轮船大炮，也不在于重新振兴海军进而与列强展开周旋，重要的是通过开办新式学校的方式，改良国民的思想，达到救国的目的。

离开北洋水师学堂之后的张伯苓遇到了曾经担任过贵州学政的维新派人士严范孙。戊戌变法后，严范孙回到家乡倡导新学，发展教育事业。为了将教育事业发扬光大，严范孙开办了教馆，并邀请张伯苓来授课。来到教馆后的张伯苓并没有传授中国传统的四书五经，而是讲授了数学、自然科学等方面的课程。1901 年，在天津绅士王奎章的邀请下，张伯苓在王氏家馆中也兼职授课。为了提升授课质量，张伯苓亲赴日本学习并采购教学仪器等，回国之后他和严范孙商议将教馆改为中学。

1904 年，王氏家馆和严氏家馆合并，“私立中学堂”便应运而生，张伯苓担任校长一职。一开始学堂有 3 间大房间作为教室，一间小房间作为办公室。经费由严范孙和王奎章两家共同分摊。年底，私立中学堂改名为敬业中学堂，旨在表达敬业之意。之后，当局对学校进行了管束，规定校名必须能反映出经济来源，于是敬业中学堂改名为天津第一私立中学堂。由于学生人数不断增多，原来的学堂院落早已不能容纳他们。在张伯苓的主持之下，该校于 1907 年迁入由当地绅士捐赠的 6000 多平方米的土地上，并改为私立南开中学堂。辛亥革命时期，“学校”二字取代了“学堂”，学生人数也从原来的数十人增加到 500 多人。在接下来的日子里，随着其知名度和影响力越来越大，南开中学校增设了大专班，这样学生人数迅速增加到 1000 多人。1918 年，在张伯苓的主持下，南开大学正式成立，它的建立具有非常重要的意义，因为当时的南开大学是中国第一所正规的私立大学。由于学生人数的不断增加以及校园面积的不断扩大，到 1932 年南开大学在校学生的人数达到了 3000 人。此时是张伯苓最为辉煌的时期。

张伯苓创办的私立大学处于蒸蒸日上的状态，难免招致非议。最让外人感到疑惑的是，当时北平很多学校因为欠薪而处于关闭状态，甚至连政府办的学校也未能幸免，可张伯苓创办的私立学校却如此火热。人们的这种疑惑不是没有依据的。早在北洋时期，各所学校欠薪就成为普遍现象，教员讨薪事件也时有发生。在这样的背景下，资金并不充裕的张伯苓是如何创办一所大学的呢？也就是说，他创办大学的经费来自哪里呢？

其实，张伯苓创办南开大学的经费首先是来自于个人捐助，其次还得到各个基金会的赞助，同时也得到了政府一定数额的补贴。在个人捐款方面，张伯苓的经历可谓一言难尽。在他外出游说的时候，不仅要忍受一些人的闲言碎语，还要有不觉难堪的精神。正是这种不觉难堪的精神，才让他有动力四处奔走游说，筹备款项，同时还让一些绅士、社会名流等人慷慨解囊、捐资助学。通过各方努力，张伯苓共募集到善款 26000 元，这些钱用于建校舍和礼堂，至此，南开中学就形成了一定的规模。当南开中学开办之后，社会上迅速掀起一股倡办新学的风气，于是热心人士再次捐助。为了继续扩大规模，张伯苓又征得袁世凯、徐世昌、南京督军李纯等人的同意，并征得一大笔捐款。有了这些捐款，张伯苓在南开中学旁边又盖了一座楼房作为大学校舍。1923 年，南开大学先后得到美国罗氏基金会的 125000 元捐助，以及中华教育文化基金董事会拨付的 105000 元，加之又得到社会各界教育人士的捐助，才得以让南开大学顺利开办下去。

在胡适看来，张伯苓在南开学校的发展中做出了极其重要的贡献。张伯苓本人也认为，教育机构的账目上必须是赤字，如果到了年终还有结余的话，证明学校管理者就是个守财奴，因为这样的学校领导并没有充分地利用好钱。张伯苓自从开办学校的那一天起，自身就没有多少资产，但他在经费上的投入不担心超支，他就是要让南开学校向前发展。虽然在经费问题上遇到过困难，但他并没有通过多收学生的钱来解决问题，而是通过自身的魅力与影响力，信心满满地筹集到一笔又一笔的经费。这或许就是他和南开大学与众不同之处。

2. 从培训与选拔教员入手

众所周知，大学除了要筹到办学经费外，师资力量也是不可或缺的因素。张伯苓除了聘请优秀的教员，还让毕业于美国哥伦比亚大学的凌冰出任大学部主任一职。在凌冰的引领下，越来越多的优秀学者来南开大学任职。其中有教授文学的梅光迪、教授气象学的竺可桢、教授化学的邱宗岳、教授数学的姜立夫、教授心理学的黄钰生、教授哲学的汤用彤、教授经济学的陈序经、教授生物学的李继侗等人。从这份教员名单上就可以看出当时南开大学的实力。

客观地讲，南开大学在教学条件、学校声望、经费投入等方面和北京大学、清华大学相比存在一定的差距，但和其他大学相比，南开大学的实力还是相当强的。1926 年，从美国学成回国的何廉清楚地记得，张伯苓真诚地向其发出了聘请书，月薪为 180 元。而在此之前，他还收到暨南大学的聘请书，待遇远远比南开大学高。但经过仔细权衡之后，何廉决定选择南开大学，不仅是被张伯苓的个人魅力所感染，他还觉得，京津地区是中国文化的中心，教育水平应该处于全国领先的位置，所以他留在了薪水较低的南开大学。

众所周知，评判教育水平的好坏莫过于教员的水平。在南开大学创办初期，美国罗氏基金团为了考察南开大学的教学水平，特意听了一堂化学课。当时邱宗岳是南开大学化学系的主讲老师，当他向美国罗氏基金团熟练地展现授课内容时，基金团的人无不惊叹，随即便向南开大学捐款。由于南开大学的理科在当时也颇具实力，因此也获得中华教育文化基金董事会的支持。到 1948 年举行的第一届院士选拔时，南开大学就出现了像姜立夫、饶毓泰、吴大猷、陈省身、殷宏章、汤用彤、李济、陶孟和、萧公权等在各个学科领域有突出才能的人才。

对于任何一所大学来说，组建一支学术优秀的教师队伍，一般会有两种途径。第一种途径无外乎通过重金聘请的方式获得，而第二种就是自己培养。南开大学并没有充裕的经费去重金聘请优秀教师，只能选择自己培养优秀教师。实践证明，这是最适合南开大学的一条发展之路。在张伯苓看来，优秀的大学，自然需要优秀的学者和教授，但更高一层的含义，就是能给予优秀学者发展的学术环境以及发展空间，使其能根据自身的特点将才能发挥到极致。张伯苓的这个观点决定了南开大学之后发展的不寻常。对于南开大学的学术环境以及人际关系等，何廉有深刻的体会。

第一，张伯苓的个人魅力感染着很多南开大学的学者和教授。身材高大魁梧的张伯苓在和教员交谈中，不仅会全神贯注地倾听对方的谈话，还会表现出十分谦虚的态度，并且会用非常诚恳的态度和别人交换看法。这不仅让教员感到轻松，还增强了他们工作的动力。

第二，南开大学的人际关系非常轻松。当时到南开大学任职的教员中，平均年龄 30 岁左右，且大部分都是在美国留学期间认识的朋友，因此他们在交流方面十分融洽。加之张伯苓的个人魅力以及和教员的意气相投，因此南开大学就形成了良好的人际关系，这无疑是对所有教员的一个激励。

第三，南开大学充实而简朴的生活让人满意。南开大学和其他大学相比，工资并不是太高，但由于张伯苓制定出一套非常人性化的管理制度，既不拖欠教员工资，也不对教员苛刻，因此很多人不愿意离开南开大学。为了弥补工资方面的不足，南开大学教职人员的房租非常低，加上没有太多社交活动，几乎没有任何消费。因此很多教员对这种简朴的生活方式感到满意。正因为如此，南开大学的教职人员在工作中会更加专注，更具奉献精神。当南京国民政府成立之后，情况发生了转变。当时清华大学校长是罗家伦，他为改善教师待遇和教学环境做出了不少努力，这样一来，南开大学的很多教授也去了清华大学。此时的张伯苓虽然感觉到自身的实力难以和北京大学、清华大学竞争，但他坚信私立大学还是会有一番天地，于是他决定取长补短，发挥天津的优势，成立了经济学院，并实行教学与研究并行的体制。经过多年的发展，南开大学又赢得了新的声望——“学经济到南开”，这足以说明张伯苓在教育事业上的独具匠心与胆识。

3.“允公允能”的教育思想

对于张伯苓教育思想的讨论一直就没有停止过，有人认为他是爱国教育思想，有人认为他是民主教育思想，还有人认为他是科学教育思想……其实最能体现他的教育思想的是张伯苓在南开大学校训中提出的“允公允能”。按照张伯苓的想法，就是要培养学生爱国爱群的公德心，并服务于社会。

在台湾的南开大学校友雷法章迪对张伯苓提出的“允公允能”做过精辟的解释。在他看来，“公”“能”教育的内容是社会教育与个人教育融为一体的教育。前者可以看成是一种对学生社会道德的培养，而后者更倾向于学生个人能力的提升和培养。因此它的宗旨就是：接受教育的人不仅要充实自己，还应该为国为公，为人民服务。在北洋时期，政治风气贪污腐化，如果用张伯苓的“允公允能”来分析，贪污产生的原因和不知有“公”有关，腐化的原因，无外乎无“能”，如果在教育中确实能加强“公”与“能”的培养，或许社会上就不会出现贪污腐化的风气。而这也是张伯苓提出“允公允能”的初衷。也就是说，在贪污腐化盛行之际，不仅有制度上的不良，同时也是教育的失败。此外，张伯苓还认为，活着的人不应该腐化，只有死了的人才能腐化。这种观点对于那些不知有“公”、无“能”的人来说，应该是个警示。

南开大学日常的管理非常严格，张伯苓不仅重视学生在基础知识方面的学习，还规定学生应该有良好的形象，比如不能奇装异服、不能随地吐痰、不能吸烟饮酒、不能作弊等。在张伯苓看来，中国传统教育最突出的问题是不能灵活读书，学生只知道读死书。他反对将学校办成缺少生机而单纯灌输枯燥知识的场所，更不赞同学生变成知识的奴隶。他一直认为，学校如果只知道让学生读死书，最终的结果就是造出一群毫无思想、毫无用处的“木头人”。很多南开大学校友都曾记得发生在张伯苓身边的两件小事。第一件事是：由于张伯苓不允许学生在学校吸烟，但他自己却抽旱烟，当有学生指出这一点时，他将烟杆折为两段，再也不吸烟了。第二件事是：年轻时期的张伯苓就留有胡子，为了给学生做表率，他不断地将自己的胡子剪短，到最后甚至全部剃光。

在张伯苓的主持和倡导之下，南开大学学生自治会开始变得活跃起来。需要说明的是，学生自治会是学生自己管理自己的机构，并不受学校干涉。当时该机构已经变得愈加成熟，机构组成也逐渐完备。根据南开大学章程规定，全体学生大会是该会的最高权力机构，立法机构是系级代表大会，执行机构为理事会。理事会从系级代表中提名，并由全体学生普选产生。

到了每学期改选之际，规定几天为提名日；提名截止之后，就是为期 4 至 5 天的竞选日了，而这几天学校不仅热闹，而且非常让人兴奋。整个南开大学都沉浸在民主与活泼的氛围里。无论走到校园的任何角落，都能看到有关竞选的海报和贴纸等，传单和标语随处可见。在此时，各种竞选演说也会展开，学生们都在倾吐着自己的理想和抱负。这样的盛况和张伯苓提倡的“允公允能”的教育宗旨是一致的，因为张伯苓要培养的就是有思想、有抱负的社会公民，而不是受传统思想影响的顺民。在他看来，公民和顺民最大的区别就是，公民要求民主自治，而顺民需要被治。他也深知南开大学要培养的就是未来的公民，如果学生们没有在学校里学到独立思考的能力以及养成人格和自治的习惯，整个社会还将是缺少生机活力的，这样的国家也是没有任何希望可言的。

南开大学除学生自治会之外，其他各式各样的学生社团也涌现了出来。创办初期的南开大学，开设有文学会、政治学会、哲学会、科学会、商学会、寻光会、音乐会、唱歌会等，还有很多临时性的组织。成立如此多的学生社团作用究竟有哪些呢？张伯苓认为，成立学生社团首先能培养学生的兴趣。由于每个学生的兴趣都不尽相同，组建如此多的社团总能让学生们找到自己的兴趣所在。比如，曹禺最初的理想是当医生，后来来到南开大学读的是政治学。但由于他在求学期间又受到话剧的熏陶与感染，于是便将兴趣投向话剧方面，最终取得很高的成就。

其次，成立学生社团可以改变学生读死书、死读书的学风，更可以抵制功利主义产生的不良影响。1921 年南开大学的科学会成立之时，大学部主任凌冰到场进行祝贺，并给予其极高的评价。在他看来，自从大学开学以来，学生们大多忙于功课，很少参与课外组织的活动，而成立的科学会极大地改变了这种现状，实在是一件令人庆幸的事情。

最后，成立学生会可以便于学生们在术业上的沟通与交流，不仅可以增长知识，还能增进友谊，从而营造出一种积极向上的团队合作精神。

在南开大学丰富多彩的校园生活中，同学们能深刻地感受到张伯苓的个人魅力与气魄。早在辛亥革命之前，张伯苓就热衷于通过话剧表演的方式去改良社会。在这种情况下，由他自编自演的话剧《用非所学》在南开大学上演。该剧主要表达的是留学归来的贾有志，本想抱着工程救国的理想改良社会、造福社会，却在名利的诱惑下迷失了自己，并混迹于官场中。在这种情况下，自然无心研究工程学，成为学非所用、用非所学最典型的代表。多年之后，张伯苓的这部话剧还成为被人们热议的焦点，因为它不仅具有现实意义，还为中国话剧事业的发展奠定了基础。由此可见，张伯苓本人也被视为中国话剧第一人。

体育也引起张伯苓足够的重视。在他的促进下，第一届远东运动会成功召开，张伯苓本人也担任运动会总裁判一职。此外，他还担任华北体育运动会会长、国民政府教育部体育委员会委员。而南开大学校运会的总裁判，也非他莫属。可以说，张伯苓对中国现代体育事业做出了显著的贡献，他的个人魅力以及领导力让世人难以忘怀。张伯苓为了能让学生在体育运动中获得心灵和身体方面的愉悦，提倡在运动中公平诚信、胜不骄败不馁的精神。在他看来，体育成绩固然重要，但不能为了赢得比赛胜利而采取欺骗和不道德手段。因此他反复和学生强调，通过不正当方式获得的胜利是没有价值的，也是受人质疑的。此外，南开大学还开办了很多为学生发表意见、寻找真理而提供方便的壁报社团，有日报、周报以及旬报等。这些在学生眼中完全是发扬民主与探求真理的表现。

4. 治学精神在校园流淌

正当南开大学各项发展稳步向前之时，抗日战争爆发。令人气愤的是，日本侵略军公然违背国际公约，对南开大学进行了轰炸。随后又放火烧毁校园。一时间，南开大学变成一片废墟。那么日本侵略者为何要对南开大学下此毒手呢？事情还要从1916年说起。这一年张伯苓在沈阳发表了名为“中国之希望”的演讲。在谈及中国面临的危机时，张伯苓表示，在中国内忧外患的情况下，国人需要的是自强，只要每个人都凝聚在一起，中国就有希望。当时张学良出于好奇也听了这次演讲，这让他感觉到强烈的震撼。

1927年，张伯苓来到大连和沈阳考察，并在南开大学成立了东北研究会。此时日本窥探东北的野心也越来越强烈。成立的东北研究会得到了张学良等人的大力支持。在东北研究会的主持下，《东北经济地理》问世，这是一本系统介绍东三省人文地理和自然的教材。该教材的问世无疑是具有重要意义的，因为它是当时国内有关东北地理最权威的一本书。1930年，张学良主持改组东北大学，张伯苓让自己的同事宁恩承去东北大学担任执行校长，这对张学良的帮助非常大。“九一八”事变之后，东北大学迁入关内，南开大学也接收了不少该校的学生。当时的张伯苓还在天津抗日救国会任职，积极地组织声援东北的抗日活动。同时还多次写信给前线的抗日将士，鼓励他们为国争光，努力杀敌。西安事变爆发之后，张伯苓给张学良写了一封信，信中恳请张学良能以大局为重，释放蒋介石，为和平解决危机做准备。

让人难以忘怀的是，1934年在天津召开的第18届华北运动会上，看台上突然打出“收复失地”“勿忘国耻”等标语，打出标语的就是南开大学派出的啦啦队。在场的人都为之震惊，无不报以热烈的掌声。而此时坐在主席台上的人是日本驻天津的最高长官梅津，当他看到标语后，脸立即沉了下来，便向张伯苓提出了抗议。但张伯苓义正词严地表示，这是中国人在自家的地盘上进行的活动，是学生们表达意见的爱国活动，外国人无权干涉。得到拒绝后的梅津狼狈离席，随后向天津当局发出了抗议，同时，南京政府也收到日本驻华大使馆发来的抗议。随后，南开大学便遭到驻扎在八里台的日军的骚扰，双方还引发了冲突。这显然是日军对南开大学展开的报复。张伯苓自知南开大学处境的危险。1935 年他去了南京，在校友聚会上表示说，在“九一八”事变之后，平津一带的战事也接连发生。日本人炸毁南开大学或许也是必然，但南开大学和国家相比，根本不算什么。有中国存在，即使南开大学被毁掉，也还是有机会恢复的。南开大学被日军炮火炸毁后，蒋介石曾表示“有中国就有南开”，可以看出，两个人当时在抗日问题上的看法是相同的。而蒋介石所说的“有中国就有南开”之后便广为流传。不知从什么时候起，南开大学每逢举办校庆活动，都能看到蒋介石的身影。

抗日战争全面爆发之后，南开大学为保存实力，和北京大学、清华大学在长沙组建了一所临时大学，随后又将学校转移至云南，成立了国立西南联合大学。不得不说的是，西南联合大学不仅为中国保存了学术文化的种子与命脉，还将中国人在抗日战争中不屈不挠的精神谱写得淋漓尽致。在这方面，张伯苓本人的魅力以及他倡导的“允公允能”的南开精神起到了不可低估的作用。

5. 成为南开大学的精神符号

1935 年，鉴于当时中国时局的不稳定，张伯苓就想把南开大学迁到相对平稳的四川。当时他到重庆进行了考察，决定把学校建在沙坪坝。第二年，张伯苓来到南京，把自己的想法告诉了蒋介石，没想到蒋介石不仅支持，还向其捐助了 5 万元。受蒋介石的影响，其他社会名流以及政界人士纷纷捐资。当年 8 月，张伯苓便组建了重庆南渝中学，也就是后来的重庆南开中学。而他本人担任校长一职，张群、吴鼎昌、卢作孚、胡子昂等人担任学校董事。

1938 年西南联合大学成立之后，该所学校就由张伯苓和北京大学校长蒋梦麟、清华大学校长梅贻琦共同管理。不过，自从张伯苓在国民参政会出任副议长之后，他便把精力从学校管理方向转移到国民参政会上。其实，国民参政会的成员都是社会各界具有一定影响力的人物，国民参议会是一个具有战时国会性质的机构。张伯苓能够获此殊荣，可谓是实至名归。虽然，他的工作重心进行了调整，但他并没有放下教育事业。1940 年，他就和南开校友表示，自己会一生从事教育事业，虽然因为参政会的原因分散了注意力，还是会视教育为毕生的事业。此时的他早已是享誉中外的著名教育家了。1942 年 10 月，美国总统罗斯福访问中国，特意参观了重庆南开中学，对张伯苓做出了非常高的评价。1944 年元旦过后，国民政府为张伯苓颁发了勋章，褒奖他在教育事业上取得的瞩目成就。同年 4 月，教育家陶行知为了表达对张伯苓的敬意，写下了“有中国必有南开，两园桃李一手栽。从心所欲不逾矩，凯歌重上八里台”。这首贺诗不难看出，张伯苓在人们心目中已经与南开精神紧密融为一体。

抗战胜利后，国民政府将南开大学改为国立，张伯苓继续担任校长。此时的张伯苓向国民政府提出了自己的看法：南开大学仍然要以为国服务为初衷，要继续推行民主。南开大学可以一时成为国立，但此后还应该变成私立。如果不能满足这些条件，自己将拒绝出任校长。按照常理，一所大学从私立变成公立，地位不仅得到明显提升，而且办学经费上也有了保障，这在很多人看来是求之不得的事情，为何张伯苓不愿意呢？其实这与他想通过自己的努力，以民间办学的方式，贯彻为国服务的初衷有着很大的关系。因为在他看来，如果政府无视民间的力量，什么事情都想插手，不仅办不好事情，而且还会将每个人的积极性和爱国心挫伤。因此，张伯苓有了这样的顾虑。他更希望每个人都要对社会尽一份义务，不要总是把这些责任推给国家，或者由政府包办。对于这个问题，缺少张伯苓所说的“允公允能”精神的人，或许不能理解。1946 年，张伯苓被哥伦比亚大学授予名誉博士的学位。随后便参加了南开旅美校友会，有人作诗歌颂这位南开大学老校长取得的伟业，诗中将张伯苓在中国的影响力比作是华盛顿在美国以及莎士比亚在英国的影响力。这足以说明张伯苓通过自身不屈不挠的精神以及排除万难的勇气，将南开大学带入一个具有里程碑意义的时代，并成为南开大学的一个精神符号。

6. 张伯苓的美育和美育心理思想

张伯苓的美育以及美育心理思想，最突出的表现是他在戏剧教育、音乐教育以及环境教育方面做出的贡献。可以说，戏剧美育心理思想是美育的重要手段，戏剧也是众多文学艺术中最不可或缺的形式之一。戏剧是一种综合性的艺术方式，它将演员的表情、动作以及舞台场景、灯光效果等直接传递给观众，能极大地引起观众欣赏和感受的兴趣，从而让观众的心灵得以净化和升华，这就是戏剧美育的功能，它远比在课堂上讲课的效果要好。“五四”前后，中国大学校长中最重视美育的有两个人，一个是北京大学校长蔡元培，另外一个就是南开大学校长张伯苓了。蔡元培在德国留学期间，就开始接受席勒的美学教育，加之他师从德国著名心理学家冯特，因此他的美育理论和心理学理论有着很深的功底。蔡元培在美育方面的贡献主要是理论。与他相比，张伯苓最大的贡献则是在日常实践方面。张伯苓不是艺术家，也不是文学家，他只是个教育家。但他能感受到“寓教于乐”的教育心理学原理，因此他在创办南开大学之初，就将戏剧的美育功能作为必要的发展对象。

张伯苓在课外会和教员、学生一起共同创作并表演话剧，并培养出一批优秀的话剧演员。当时的周恩来、曹禺在南开中学就读期间，就已经成为剧团的演员。张伯苓大力提倡戏剧，最主要的目的就是想以戏剧作为培养学生道德品质教育的主要手段。他也曾不止一次地表示：“戏园不只是娱乐场，更是宣讲所、教室，能改革社会风气，提高国民道德。”

据曹禺的回忆，早在 1909 年张伯苓就在南开中学堂提倡新剧，目的是要做到对社会进行改良。1916年，张伯苓在《舞台、学校和世界》一文中指出：“世界者，舞台之大者也。其间之君子、小人、与夫庸愚、英杰，即其剧中之角色也。欲为其优者、良者，须有预备。学校者其预备场也。”从这一点也可以看出他对戏剧教育的重视。张伯苓说：“从戏剧里面可以得到做人的经验。会演戏的人将来在社会上必能做事，戏剧中有小丑、小生、老生等，如果在戏剧中能扮演什么像什么，将来在社会上也必能应付各种环境。”他提倡戏剧，想以戏剧作为教育的手段之一。无论是人员的挑选还是剧本的编选，都非常严格。在他的影响下，南开大学话剧理论、表演形式取得的成绩比较显著。

戏剧是个综合性的艺术，自然也就离不开音乐与美术等多方面的结合。张伯苓对音乐教育的重视与其家教有关。他的父亲在晚清时期擅长琵琶，也被人们称为“琵琶张”，加之对音乐事业的执着，这对张伯苓产生了重大影响。张伯苓重视音乐老师的挑选，他将陈子诚、阮北英、徐剑生、李抱忱等一批优秀的音乐教师请到南开大学，直接促进了南开大学音乐事业的发展。

来到南开大学，第一印象就是井然有序且整洁美观，第一时间产生肃静的感觉。这与当时一些大学存在的脏乱差相比，这里算得上是环境优美的教育圣地了。曾有人将南开大学优美的环境比作是桃园境界。这些都与张伯苓重视环境美的教育密不可分。他深知学校的建筑不仅要突出使用功能，还应该突出心理功能，也就是建筑的“第二属性”，即建筑自身传递出的文化属性，属于美育心理功能。在南开大学期间，他亲自参与设计和测量，称得上是亲力亲为。其实创建初期，经费问题也在困扰着张伯苓，但他还是注重建筑体现出的艺术及美育功能。在他看来，这是校园美的一部分，也是能渗透爱国主义的一种方式。他认识到，创造优美的校园环境，将美育教育持续开展下去，能影响学生的心灵美。的确如此，整洁干净的环境，能促使人心旷神怡、乐观积极。相反，那些杂乱不堪的环境，只会让人心生烦恼、精神萎靡等。

张伯苓在南开大学提倡的“镜箴自鉴”和“考美”，其实也是美育的一种体现。南开大学的教学大楼以及办公楼正门，竖立着一面大镜子，从镜框里可以清晰地看到“面必净，发必理，衣必整，纽必结；头容正，肩容平，胸容宽，背容直；气象：勿傲，勿暴，勿怠；颜色：宜和，宜静，宜庄”的箴言。从箴言的内容上来看，就是要求师生对镜自鉴，比对自己的容貌、心灵、言行等，并完善自己的心理品质。而所谓的“考美”，是对教室整洁程度以及学生宿舍以及个人卫生等方面的考核。张伯苓在美育方面做出的贡献，用“随风潜入夜，润物细无声”概括最恰当不过，不仅培养了南开人高尚的情操，还得到社会各方的认可，这不得不让人对张伯苓刮目相看。

第四章

“浙大保姆”竺可桢：以死求知，全力维护学术的独立

竺可桢谈大学精神：

“一所学校实施教育的要素，最重要的不外乎教授人选、图书仪器等设备和校舍建筑，这三者之中，教授人选最重要。”

“近代科学的目标是什么？就是探求真理。科学方法可以随时随地而改换，这科学目标，探求真理也就是科学的精神，是永远不改变的。”

1936年4月，竺可桢被任命为浙江大学校长。他在这一天的日记里这样写道：晨雷雨。上午有雾。午有雷。下午四点见阳光。晚又雨。玉兰盛开，杏花落，寓中白樱花开。

在那个兵荒马乱的年代，浙江大学有幸有了竺可桢作为领路人。一个当初只有3个学院、16个学系的大学，在风云激荡、颠沛流离的岁月里，发展成为一个拥有7个学院、27个学系的综合性大学，而它也被誉为“东方剑桥”。

回首竺可桢支持浙江大学的往事，重温那段令人难忘的历史，具有特殊的历史意义。在这个教育问题谋求变革的当下，浙江大学校长竺可桢无疑具有特殊的时代意义。

人物小传

竺可桢（1890—1974），浙江绍兴人，著名的科学家、教育家、地理学家和气象学家。1910年，他以优异的成绩考取了中国第二批赴美留学生，1918年7月，竺可桢获得了哈佛大学授予的气象学博士学位。1928年在气象所担任所长一职。1936年4月，竺可桢被任命为浙江大学校长。正当竺可桢一心将精力投向浙江大学的发展之时，战争的阴云打破了他振兴教育的梦想。1937年8月13日，上海遭到日本军队的践踏，竺可桢也由此带领浙江大学开始了辗转迁徙的岁月。

1. 与浙江大学“偶遇”

竺可桢于 1890 年出生于浙江绍兴。1910 年，他以优异的成绩考取了中国第二批赴美留学生，和他一同考入的还有胡适。这年秋天，竺可桢满怀信心地踏上了远赴美国留学的轮船。来到美国填报志愿时，他填报了农学专业。在他看来，中国是个农业大国，万事都会以农学为基础，如果能学习到美国先进的农学知识和技术，无疑能为祖国做出贡献。就这样，竺可桢来到当时在农学领域极负盛名的伊利诺伊州立大学农学院。3 年之后，他又考入哈佛大学攻读气象学。此时，他就已经对台风进行过深入研究，而研究成果也引起美国同行的重视。

1918 年 7 月，竺可桢获得了哈佛大学授予的气象学博士学位。面对美国多所大学的盛情邀请，他并没有心动，而是毅然决然地回到祖国。本想学以致用从事气象工作，但当时中国唯一的一所气象机构——中央观象台发展没落，几乎处于停顿状态。在这种情况下，他不得不转变思路，选择投身教育事业。首先他来到武昌高等师范学校任教，随后在郭秉文的邀请下，来到设立在南京的高等师范学校任教。在东南大学筹建之际，竺可桢又借此机会开办了高等学校第一个地学系。1925 年，东南大学爆发了“易长风波”，这极大地打击了竺可桢在教育事业上的积极性，于是他决定离开东南大学。

1935 年冬，“一二·九”运动爆发，随后便快速波及全国。浙江大学的学生们为此召开了全校大会响应此运动，并号召杭州各所大中院校的学生举行示威游行。当时浙江大学的校长郭任远不仅没出面平息学生们的抗议行动，还奉国民政府的旨意，对学生进行了镇压。他的这个举动立即招致学生们的愤怒，积压在他们心头许久的怨气很快便像山洪一样迸发出来。学生们当即决定全面罢课，并发布了倒郭宣言。这次行动得到了浙江大学大多数教员的支持，要求浙江大学更换校长。

为了尽快地平息这场学潮，1936 年 1 月蒋介石来到浙江大学进行训话，但学生们的愤怒情绪并没有减退，要求蒋介石同意撤换校长。在形势没有缓和的情况下，蒋介石不得不同意了学生们的意见。在陈布雷、翁文灏等人的联名推荐下，竺可桢被推荐为浙江大学新校长。其中原因除了竺可桢成就卓著、德高望重之外，他的浙江籍贯也是当选校长候选人的一个重要因素。但当他从翁文灏那里得到被推荐为浙江大学校长候选人的消息后，他当即表达了自己不愿意担任的想法。2 月 21 日，蒋介石为了说服竺可桢出任浙江大学校长一职，登门拜访。但竺可桢并没有马上允诺，声称要和蔡元培仔细商讨后再予以答复。

其实，竺可桢犹豫不决主要是出于两方面的考虑。第一方面，他放不下气象研究工作。1928 年气象所创办以来他就担任所长一职，不愿在工作中过多分散精力的他自然不愿担任浙江大学校长一职。第二方面，担心自己不能应付大学繁杂琐碎的事务。在竺可桢看来，担任大学校长之后，繁忙程度就会远远超过所长一职。加之自身不愿意过多地在官场中应酬，而是愿意将时间用在科学研究上。在这种情况下，到浙江大学任校长一职无疑与自己投身科学的理想相互矛盾了。正当竺可桢还在为是否出任校长一职而犹豫之际，他的夫人鼓励他出任校长一职。在她看来，大学教育存在很多问题，如果竺可桢能担任校长，就可以下一番力气整治教育，并努力让教育得到崭新的发展。而此时陈布雷的弟弟陈训慈也劝说他到浙江大学任职，当竺可桢听到“浙江省文化近来退化殊甚，需一大学为中流砥柱”这句话时，心头为之一震。竺可桢在经过缜密思考之后，决定听从众人的劝说到浙江大学任职。但他向陈布雷提出了三项条件：第一项是要持续不断地接济学校的财政，第二项是校长拥有足够高的权利，任何人不得以政党的名义加以干涉，第三项是担任校长的时间以半年为限。随后，竺可桢便正式担任浙江大学校长。

竺可桢于 4 月 25 日正式到浙江大学上任。之后他针对浙江大学的现状做了两件事情，第一是对学校进行了全面的改革，第二是以宽广的胸怀广纳人才。在学校改革方面，竺可桢提倡实行民主管理、校务公开、教授治校等方针，但凡是学校发布的重要方针政策，他都会第一时间通过各种途径告诉给学生。他将教授召集在一起，建立了学校最高权力机构——校务委员会。1936 年 9 月，《国立浙江大学日刊》创刊，刊物上集中展现了浙江大学各种学术研究成果以及其他大大小小的消息。此外，竺可桢还定期向全体师生做校务报告。经过一定时期的改革，浙江大学逐渐迎来了民主、和谐、奋发的新气象。而在师资方面，竺可桢也做了很多努力。他在上任第一天的就职演说中，就明确表示大学教授对于大学的发展具有关键的作用。为了招到更多优秀的教授，他四处联络，动员留美时期的老同学以及其他人，向其推荐人才。最终，在物理和化学方面造诣很深的胡刚复、王加盟等人加入浙江大学，此外，张绍忠、何增禄、王淦昌等人也加入浙江大学，这无疑夯实了浙江大学的教授队伍。

2. 辗转迁徙的“折腾岁月”

正当竺可桢一心将精力投向浙江大学的发展之时，战争的阴雨打破了他振兴教育的梦想。1937 年 8 月 13 日，上海遭到日本军队的践踏。从这之后，日军敌机便接连在与上海接壤的南京、杭州等地进行无休止的轰炸。鉴于人身的安全，杭州的很多学校都开始组织疏散学生或者将学校迁到内地。浙江大学仍然在 9 月 20 日照常上课。当空袭警报响起之后，全体师生便快速进入地下室躲避。空袭警报解除之后，学生们便继续上课。这样的情形只有在浙江大学上演着，也足以看出竺可桢捍守浙江大学的决心。11 月 5 日，日本侵略军在距离杭州 100 公里的全公亭登陆。竺可桢意识到形势对浙江大学非常不利，于是他紧急带领全校师生撤离杭州，开始了两年多漫长的迁徙过程。11 日，在竺可桢的组织下，浙江大学第一批师生开始撤离。第一站是距离杭州约 240 公里的建德县，超过 1000 名师生连夜驾船撤离，15 日全部安全抵达目的地。他将民宅、教堂、林场等地作为教室和宿舍，19 日便开始上课，条件上虽然有些艰苦，但在教学态度上却丝毫不敢松懈。12 月 24 日，杭州彻底沦陷。竺可桢不得不带领师生再度转移，而这次转移的目的地是江西吉安和泰和。吉安和泰和地处乡下，条件虽然艰苦，但却非常安静。学生们自然非常珍惜这样的环境，更加努力学习了。可是好景不长，1938 年，战火迅速蔓延到江西北部地区，同年 9 月中旬，竺可桢不得不继续把学校迁往广西西北部的宜山县。令人扼腕叹息的是，在出发之前，竺可桢家庭遭遇了不幸。他的夫人因为长时间的颠沛流离而撒手人寰。竺可桢的次子也因为感染伤寒而又得不到及时的救治，最终被疾病夺去了生命。此时的竺可桢百感交集，当天怀着沉痛的心情安葬好妻子和儿子后，率领学生们继续西行。

11月1日，搬到宜山县的浙江大学复课了。在此期间，包括竺可桢在内的全体师生遭受着不同方面的生死考验。第一个考验是疾病。当时有三分之一的学生由于长期以来的长途跋涉而感染了疟疾。第二个考验是来自敌军的轰炸。敌机以浙江大学为目标先后投弹数百枚之多，庆幸的是没有造成人员伤亡，但却让浙江大学在物质上遭受了重大损失。但在轰炸过后，竺可桢会快速组织学生照常上课。

1939年11月，南宁被攻陷，宜山也处于警报之中。月底，竺可桢再次将浙江大学迁往遵义。由于遵义地处桂黔之间，山峦起伏，因此交通运输变得困难。加之当时已经是冬季，师生们冒着严寒，不仅加紧赶路，还需要搬运图书和教学仪器等物。经过3个月的艰难前行，学校迁到了遵义。饱受流离之苦的师生来到遵义，度过了将近7年的难忘岁月。

在遵义的7年时间里，他们既不需要再次跋涉劳顿，也没有再次遭遇到敌人战机的轰炸，教学秩序很快便恢复正常。当然，物质条件必然是艰苦的，而且教学用具以及实验用品也异常简陋。对于这些艰苦的条件，竺可桢并没有放弃过治学，虽然校政事务繁忙，但他仍然发表各种学术论文。在他的感召和影响下，浙江大学很快便云集了很多知识界的专家和学者，他们在简陋的教室中开展着学术研究，并取得令人称赞的成果。在当时印刷条件非常艰难的条件下，浙江大学各院系还会定期出版一些刊物以及各种学术论文等。如此浓厚的学术氛围，就不难看出竺可桢为浙江大学做出的贡献，以及当年的浙江大学为什么会涌现出一批震惊世界的学术成果来。

抗战期间，中国很多大学都进行过转移，但像竺可桢这样率领浙江大学一迁再迁，长途跋涉数千公里的却不多见。更让人钦佩的是，竺可桢和他的浙江大学师生在两年多的迁徙中，虽然历经千辛万苦、历经磨难，但他们始终处变不惊，并让教学活动持续不断地开展下去。在形势异常艰难的时期，浙江大学并没有被拖垮，反而变得更加壮大，由一所地方性的大学变成在国内能产生巨大影响力的大学之一。正如浙江大学校友们对竺可桢所做出的评论："竺可桢心系浙大，肩上仿佛驮着浙大，辗转数千公里，不辞辛劳地把浙大放在一个安全的地方。他凭借过人力量驮着浙大的精神，确实令人钦佩。"

3. 排万难冒百死以求真知

“求是”作为浙江大学前身“求是书院”的院名，是竺可桢当初为浙江大学制定的校训。竺可桢在 1936 年 9 月的一次全校大会上对浙江大学精神做了概括，即“诚”和“勤”。求是学院和高等学堂是浙江大学的前身，它们一脉相承，都可以用“诚”和“勤”两字代表它们的学风。最终，竺可桢在 1938 年的一次校务会议上，正式提议将“求是”定为浙江大学的校训。他所理解的求是精神主要包括这几层含义：

第一，不盲目随从，不附和。一切都应该以理智为核心。如果遭遇到险境，应该不屈不挠，不畏艰险。

第二，不武断、不蛮横，应该虚怀若谷。在学术研究方面，应该平和地进行讨论，不应该蛮横无理，更不能武断地做出评判。

第三，专心一致，坚持实事求是的态度。不作无病呻吟。

竺可桢特别强调其中的第一条。在他看来，科学精神应该是只问是非，不计利害的。换言之就是为了寻求真理，不管个人的利害。只有让这种科学精神存在，才能产生真正的科学。为此，竺可桢经常用意大利的布鲁诺因地球绕太阳的学说而被烧死于十字架的事例进行说明。由此，竺可桢表达了自身关于大学生人格理想的系统论述。他明确指出大学教育的目标就是要养成敢于担大任，能主持风气的领导人才，并且培养一些能为追求真理而敢于献身的人。他一直强调，大学生就应该发扬先哲为真理而斗争的精神。他也经常用“天降大任于斯人”的名言激励学生要敢于担起民族振兴的重任。

1945年，竺可桢发表了一篇针砭时弊的文章，文章中他直言，中国充满了一些置纯粹文学以及人文科学于不顾的功利主义。大学里面的课程只是在传教一些支离破碎的知识，而没有注重对学生理智的培养。学生们在认定院系时，并没有考虑到自己与院系专业是否合适，而是一味地考虑毕业后出路的好坏以及薪酬待遇的厚薄。学生选择科目，不会过问科目的实际价值如何，而考虑过多的是能否与职业联系在一起。

基于这样的信念，竺可桢在校务会议上就提议大学各个学院一年级不分系，这样做的目的就是避免让学生由于过早地进入专业学习而忽视了基础训练。在他看来，学生在大学一、二年级学习时，工学院应该让学生打好数理方面的基础，文学院、法学院等应该注重学生的文学、中外历史、经济等方面的培养。

为了加强学生们在数理化等基础课中的教育，竺可桢从众多教授中挑选出一批在各个领域最具话语权的教授亲赴教育第一线。在他的倡导之下，大学一年级的数学教育由苏步青、钱宝琮执教，物理学由王淦昌、朱福忻执教，化学由储润科执教，生物学由蔡堡执教，中文由祝文白执教……含金量如此高的教师阵容足以让很多人都称赞不已。

竺可桢还鼓励学生跨院系选修课程，根据自身的爱好选择自己喜欢的专业和学科。在这种情况下，便出现了文学院学生选读微积分和物理学等课程、理工科学生选读唐诗和宋词的情况。如此一来，浙江大学不像有些大学那样文理分明，各个院系之间的沟通和学术交流更加频繁，更切合学生们的实际需求。

此外，由于竺可桢对当时一些学校只偏重教授专门知识，淡化学生品德陶冶的做法深感不满，于是他在担任浙江大学校长后便尖锐地指出并纠正这个做法。为此他借鉴了牛津大学和剑桥大学导师制的做法，让教授用自身的行动去影响和感化学生。

一直以来，竺可桢都认为大学应该具有学术自由的精神。因为他不止一次地强调，大学最大的目标就是追求真理，如果大学里形不成独立的学术研究氛围以及自由讨论的特质，真理就无从得到。要想保持学术上的自由，就需要大学自治，以便维护大学自身的尊严。竺可桢眼中的自治，就是除了秉承教授治校之外，还要千方百计地让学校摆脱政治上的牵制，让学校能够按照自己的逻辑发展，而不是成为政治牵制下的“指挥棒”。

其实蒋介石曾多次委派陈布雷劝说竺可桢加入国民党，但他没有同意，理由就是：大学应该保留它的自治权利，各个党派都不能过多干涉；大学校长更应该有独立的人格，更不能随意听从各党派的差遣。在国民党五中全会之后，政府要求国立大学校长都应该由国民党员担任，这让竺可桢感到非常恼火。1940 年前后，在国立大学校长中，只有竺可桢和梅贻琦不是国民党员。虽然此后竺可桢不情愿地填写了加入国民党的志愿书，但他并没有缴纳党费，更没有参加过国民党举行的会议。他就是想用自己的实际行动来抗议国民党对大学学术自由以及大学校长的政治干扰。

更让竺可桢引以为豪的是，在他主持浙江大学期间，浙江大学超脱于各个党派。无论是倾向于国民党的教授张其昀，还是无党派教授费巩，以及有左翼倾向的严仁赓、张君川等，都没有因为政治态度的不同而有所偏废，而是都能在浙江大学施展自己的才华，并专心研究学术。正如竺可桢一直强调的那样：办教育的基本信仰，就是要有人人都可以成为圣人的信仰。任何时候，任何地点，学校都不应该成为各政党纷争的试练场，只有这样的教育才是最理想的。

4. “浙大保姆”的由来

“以天下为己任”的浙江大学学生在那个民族危亡的年代里，始终牢记校长竺可桢的教诲，不仅认真做学问，而且还以饱满的热情投身于抗日宣传与战地服务等活动中。抗战胜利后，他们又活动于反内战领域，并为争取民主斗争着。竺可桢对于学生们的爱国情怀以及敢于斗争的态度非常支持，对学生们进行的罢课活动或者游行示威等却不敢苟同。在他看来，言论和信仰应该是自由的，但一定要远离政治，并且不能参加和党派相争有关的各项活动，因为学生的主要任务是求学而不是参与到政治和党派活动中去。为此，对于一些参加游行示威的学生，竺可桢总是耐心劝说，语重心长地告诉学生们，国家在财政紧张的情况下，都没有停止在教育经费上的拨付，说明国家意识到教育事业对于发展的重要性。而学生应该是安心在后方读书，不是来到前线参与党政事务。如果学生不能将求学作为最紧要的任务，教育事业就得不到发展，如此一来，就谈不上国家的发展。

年轻的学生们自然是血气方刚，关乎国事时，他们一个个都会表现得义愤填膺，他们要通过自己的实际行动为民主和自由而斗争。作为浙江大学校长的竺可桢，每次在掀起学潮时，都处在学生与执政者之间的位置。他并没有刻意去迎合执政者意图镇压学生，而是从最大限度地保护学生的立场出发，按照自己的原则处理问题。在遵义期间，他就明确告诉当时负责遵义警备的高文白，在任何时候，都不允许军警找借口去浙江大学抓捕学生。如果有学生遭到抓捕，他也会挺身而出与有关人员进行交涉，坚决保护和维护学生们的权益。在这种情况下，浙江大学在当时也算得上得到了一时的安全。1947 年 8 月，浙江省主席沈成章明确地告诉竺可桢，说浙江大学在处理学潮上的态度过于宽松，开除带头游行示威的学生人数过少，甚至还尖锐地指出浙江大学是共产党的大本营。面对这些指责，竺可桢坦然面对，他以“学校处理学生示威游行，不能动用武力。否则就会在社会上产生不良影响”为理由，回复了沈成章。在当时，竺可桢遭到校内外国民党的责难，但他还是坚持只问是非、千方百计地保护学生。很多学生都曾记得，竺可桢每次听闻国民党军警要到学校抓捕学生时，都会在第一时间告诉学生，嘱咐学生们尽快躲避，以免招致不必要的麻烦。

早在 1942 年 1 月 22 日，从浙江大学毕业后留校担任助教一职的潘家苏等人的住所遭到国民党军警的搜查，随后潘家苏等人遭到栽赃陷害，被拘押在遵义。得知此事后的竺可桢亲自去探望，并派人一日三餐送饭菜，同时还搜集有关证据，尽全力地实施营救。此时的竺可桢忍受着脚上冻疮糜烂的疼痛，找到高文伯，要求其在审问时不能动用私刑。通过多方的努力，竺可桢终于找到了潘家苏等人被诬陷的证据。潘家苏等人在被拘押近 3 个月之后，终于被释放。

竺可桢对学生的爱护是真诚的，这在当时的大学校长中也是难能可贵的。1949 年浙江大学学生自治会为竺可桢举办了 60 岁寿辰祝寿晚会，由于竺可桢不赞成学生为他举办祝寿晚会，而选择不出席。但学生们的兴致并没有减退，在他们送给竺可桢的一面锦旗上写着“浙大保姆”四个大字，表达了学子们对竺可桢崇高的敬意和无限的爱戴。

虽然竺可桢在接任浙江大学校长一职时提出的任期是半年，但他一干就是 13 年，这 13 年是动荡不安的。在时局混乱、内外交困的压力下，心力交瘁的竺可桢也想到了辞职，但出于自身对教育事业的热爱以及全体师生的热切挽留，他还是留了下来。直到 1949 年，教育部部长从上海发来急电，声称有要事商议让他火速赶往上海，竺可桢才离开了浙江大学抵达上海。

竺可桢在13年前的烽火连天中开始了他的浙江大学校长生涯，13年之后，他在各种喝彩声中结束了浙江大学校长的生涯。竺可桢用自身对教育事业的钟爱与责任，坚守着大学的理想。

5. 竺可桢管理大学的“绝学”

竺可桢在留美期间，与任鸿隽等人创办了中国科学社。回国之后，他在多所学校执教，有武汉大学的前身——武昌高等师范学校、东南大学前身——南京高等师范学校、南开大学，之后他在中央研究院气象研究所担任所长一职，是中国地理学和现代气象学最主要的奠基人。管天文的竺可桢之后竟然摇身一变成为浙江大学的校长，而且还将浙江大学治理得井然有序，他究竟是如何做到的呢？

第一，将“教授治校”作为主要目标。在竺可桢看来，任何学校想要顺利地实施教学活动或者学术研究，教授的人选必不可少。假如大学里缺少教授，学术研究不仅会停滞不前，而且还难以培养出博学多才的人才。

竺可桢始终认为，大学教授并不是一个职称或一个头衔，而应该是一群以研究学术为主，将育人为主要职责的人。为了尽快充实浙江大学的教授队伍，竺可桢聘请了众多著名的学者来浙江大学任教，还启用一批德高望重、有影响力的学者担任系主任和院长等职务。他这样做就是为了实现教授治校的目标。

如果说大学教授应该以学术研究为主要事业、以教书育人为主要职责的话，那么学生们应该如何努力呢？在竺可桢看来，学生们必须能养成缜密思考以及不盲从的习惯，才能明辨是非，静观其变。有了这些好习惯，才能不负所学，才能成为国家的栋梁。

第二，坚决抵制只“教”不“训”的教育制度。1936年，竺可桢在浙江大学举行就职典礼。在他的致答词中，竺可桢首先讲了浙江的历史，然后由此进行了引申，对着台下表示，在国家处于危难之际，大学应该从越王勾践的“十年生聚、十年教训”中得到启发，既要懂得“教”，又必须要懂得“训”。但现行的教育制度存在很多问题，最显著的就是只关注“教”而忽视“训”，比如很多大学教授缺少和学生之间的沟通。当他们讲完课之后几乎很少能和学生见面。这种情况应该尽快改变。因此，竺可桢有针对性地指出大学在“教”方面存在的问题：

（1）过分注重学分，而忽视导师。竺可桢认为，大学的学分制最大的弊病就在于减少了教授和学生们之间进行沟通和接触的机会，学生们天经地义地认为，只要修完学分就可以顺利毕业。如果加强导师制度，不仅可以为学生接受教授的学术熏陶做前提保障，还能对学生人格的形成起着显而易见的作用。

（2）学生过度看重就业而忽视学业。竺可桢直言不讳地指出，由于当时一些大学只知道闭门造车，这让一些学生毕业后找不到出路。要从源头上解决这个问题，不仅要改进大学的日常管理，还需要明确大学所要培养的目标。鉴于此种原因，他强调大学最重要的任务就是培养越来越多的人才，让学生们毕业之后不仅有饭吃，还要让大家都有饭吃。但在他看来，“大家都有饭吃”和“有饭大家一起吃”是两个截然不同的概念，为此他还做了一个耐人寻味的比喻，将前者比作生产教育制度，而将后者比作分赃制度。也就是说，如果大学生只是一味地看重就业而忽视学业，很有可能沦落为分赃制度中的一员。这样不仅对自身发展不利，而且对国家也很难做出贡献。

在抗日战争爆发后，竺可桢和浙江大学师生来到天目山禅院寺避难。此时的竺可桢看见一群一伙的师生们外出散步，此情此景给他启发，感觉这里就是实行导师制度的最佳地。第二天在发表谈话时他就指出此前学校并没有充分考虑到学生品格和修养的重要性。如此一来，竺可桢纠正了此前在教育中存在的错误，全面实行了导师制。同时他还向学生们强调，来大学的目的就是要让自己成为一个对社会有用的栋梁之材，而不仅仅是为了学习一点技术，过分考虑自己之后如何谋生。这些主张在当今看来也具有警示意义。

6. “求是”精神，留给后人

如果问，浙江大学校长竺可桢最让世人敬重的是什么？相信大多数人都会认为，竺可桢在治校路上倡导并践行的“求是”精神最令人敬仰。在竺可桢看来，科学研究者的态度应该是：第一，不附和，不盲从，一切都要以理智为前提条件。如果遭遇险境，应该不惧挫折，不折不饶，只问是非，不计利害；第二，要有虚怀若谷的特质，做事不蛮横、不武断；第三，做事专一，本着实事求是的精神，不作无病之呻吟。在那个战乱的时代，竺可桢不顾个人安危，出任浙江大学校长一职，并在治校过程中践行“求是”精神，以此作为学校校训。

在浙江大学期间，竺可桢不仅亲自践行“求是”精神，也是笃行“求是”精神的杰出典范。在浙江大学西迁期间，为了安全转移师生，他总是走在队伍的最前列，早已经将生死置之度外。20 世纪 50 年代，有“中国摩尔根”之称的著名教授谈家桢受到不公正的批判，此时的竺可桢公开发表声明为其打抱不平，并义正词严地表达自己的观点：“政治不能代替科学，对学术研究怎么可以戴政治帽子？”之后，谈家桢在回忆此事时，不仅被竺可桢的个人精神所打动，还被竺可桢敢于站出来坚持真理的大无畏精神所感染。

此外，竺可桢在担任浙江大学校长期间，史无前例地将“教授治学”成功转变到“教授办校”。也正因为如此，在那个兵荒马乱的时代，浙江大学仍然能培养出像李政道、谷超豪、程开甲等一大批优秀人才，并被誉为“东方剑桥”。

竺可桢在日常治校中一直将选拔一流人才作为最重要的事务之一。举例来说，他网罗了包括谈家桢、罗宗洛、王淦昌、卢鹤绂、苏步青等一批社会知名科学家。还有像梅光迪、熊十力、钱穆、丰子恺、张其昀、张荫麟、谭其骧等知名文人学者。竺可桢不仅延请了学术造诣深厚的专家学者，还注重发掘一些具有良好发展潜质、崭露头角的青年学者。他一直认为，要发展好大学，就应该能慧眼识别到具有发展前途的青年才俊。

其实，包括竺可桢在内的中国知识阶层对科学的追求，一直是民族复兴的动力。而继承和弘扬的“求是”精神，对于激励广大教育工作者服务国家，具有重要的借鉴意义。

第五章

“中大先驱”罗家伦：追求信仰，让学术独立响彻四方

罗家伦谈大学精神：

“最纯洁的信仰是对于高尚理想的信仰；他是超越个人的祸福观念的。生前的利害不足萦其心，生后的赏罚也不在其念。”

走进南京大学鼓楼校区的校园，一进入校门，就可以看到矗立在道路右侧的图书馆楼。在图书馆的外墙上，赫然写着“诚朴雄伟，励学敦行”。而“诚、朴、雄、伟”4个字也是当年的校长罗家伦提出的。从图书馆往右拐，看到一座流淌着典雅气质的3层楼宇，这就是南京大学校史博物馆。来到大厅，同样可以看到异常醒目的“诚朴雄伟，励学敦行”的校训。

1932年，年仅35岁的罗家伦出任中央大学校长一职。对于经历过五四运动、留学多年、参加过北伐战争的他来说，担任中央大学校长自然是情理之中的事情。但在那个风雨激荡的年代，他投身教育事业以及在学术追求方面走得并不顺畅。但他那种心无旁骛、努力进取的精神还是值得很多人学习的。也正是他的力挽狂澜，才改变了中央大学的命运。

人物小传

罗家伦（1897—1969），祖籍浙江绍兴，生于江西进贤。字志希，笔名毅。“五四运动”的命名者。近代著名的教育家、思想家。早年他就读于上海中国公学，之后以优异的成绩考入北京大学。在北京大学求学期间，他和傅斯年等人创办了在当时颇具影响力的《新潮》杂志。1926 年，罗家伦回国后便来到东南大学执教史学。1928 年 9 月，罗家伦在众人的期盼下宣誓就职清华大学校长。

1. 最年轻的校长

罗家伦祖籍浙江绍兴，生于江西进贤。早年他在上海中国公学就读，之后以优异的成绩考入北京大学。在北京大学求学期间，他和傅斯年等人创办了在当时颇具影响力的《新潮》杂志。五四运动中，他成为学生代表，并参与起草《北京学界全体宣言》。该宣言在当时具有一定的指导意义，甚至连“五四运动”的概念也是由罗家伦提出的。1920 年，从北京大学毕业的罗家伦得到上海实业家提供的一笔经济赞助，于是他到欧美留学。当时一起留学的除了罗家伦之外，还有周炳琳、段锡朋、康白情、汪敬熙。或许这在今天看来不算什么，但在当时却是个影响甚大的事情，很多人都将其比作是“五大臣出洋”。

出国之后的罗家伦先后就读于美国普林斯顿大学和哥伦比亚大学。毕业之后又去了欧洲，并来到德国、法国、英国各地大学访学。留学期间的罗家伦不仅撰写了各类学术文章，还积极地参加各种政治活动。从他留学期间的经历和活动来看，罗家伦的确是位有理想、有才华的人才。在留学期间，大多数中国留学生在学习态度上都是好的，但在对待学位的态度上却千差万别。罗家伦的态度是追求学问而不注重学位。这或许对于他日后在思想上的与众不同，以及个性的养成都有一定的作用。

1926 年，罗家伦回国之后便来到东南大学执教史学。第二年，他在商务印书馆出版的《思想自由史》的序言中表达了自己的理想和抱负。在他看来，学者应该以获得纯粹的知识而感到光荣与高尚，也应该以自己在思想和言论上的自由所做出的努力而感到庆幸，因为这些都是对国家有利的贡献。正当罗家伦想践行自己的理想时，却被拖入了国民革命的旋涡中去。他不仅加入了国民党，还出任蒋介石的秘书一职。1928年，国民革命军北上，却遭到日军的阻挡，双方发生了巷战。此时担任战地政务委员会委员的罗家伦得知同为政务委员会委员的蔡公被日军残忍杀害后，便来到日军司令部谈判。罗家伦并没有被气势汹汹的日军司令官吓退，反而临危不惧。虽然谈判并没有取得进展，但罗家伦的所作所为却令人称道。

罗家伦随后来到北京，到战地动员委员会就职。1928年8月，南京国民政府外交部部长王正廷签署了一份任命书：让罗家伦出任清华大学校长一职。一些人不禁要问：清华大学校长的任命为何要通过外交部部长任命呢？事情还要从当时所处的历史环境说起。

由于清华大学是由美国退还的庚子赔款而创办的留美预备学校，创立的目的就是要培训能直接插入美国大学二、三年级的学生。加之当时的外交部经手来自于美国方面的款项，因此在1908年便规定，赴美留学生留学费用将由美国退还的赔款支付款支付留学费用，创办学校并任命学生监督也由外务部负责。所谓的学生监督就相当于校长，而外务部就是外交部。清华大学一开始也被叫作游美肄业馆，并归外交部管理。

为了扭转这种过度依赖外国培养人才的现状，从1916年开始，该校提出要逐步改成大学。经过很长一段时间的努力，1925年左右成立了大学部和国学研究院。1927年南京国民政府成立之后，也将清华大学的归属问题提上了日程。按照国民政府的想法，让清华大学归属大学院，也就相当于教育部，但此时外交部却以种种理由不想放手。之后，清华大学便经历着动荡与不安，很多人对清华大学的命运感到担忧。他们都希望能尽快选出一位合适的人选来主持清华大学。

2. 学术独立与“四化”政策

1928 年 9 月，罗家伦在众人的期盼下宣誓就职清华大学校长。上任的罗家伦代表了国民政府的权利已经延伸至北方的教育界，因此备受瞩目。一时间，清华董事会、北京市政府、外交部、美国公使馆、平津卫戍总司令等都派出代表出席了就职典礼，这也成为新闻争相报道的对象。罗家伦在宣誓过后便发表了就职演说，他以《学术独立与新清华》为演讲的题目。他表示，外交部对他的任命“训令”中，没有出现“国立”二字。这就意味着他担任的不是国立清华大学校长，而是清华大学校长。对于为何要回避“国立”二字，罗家伦表示是为了避免让美国人看了不愉快，是外交部部长做出的决定。接到任命后的罗家伦，蔡元培让他重新拟定清华大学的组织规程，于是他找到当时在大学院任职的张奚若、钱端升共同商讨组织规程等方面的事宜。凭借血气方刚的秉性，罗家伦在清华大学前面添加了“国立”二字，并经由蔡元培批准。

罗家伦认为，在清华大学前面加上“国立”两字，是中国学术独立、不再依附于外国势力控制的重要标志。因此他在就职演说时强调，国民革命的最终目的就是要让国家在国际上有独立平等的地位，让中国学术在国际上享受平等的待遇。将清华大学改名为国立清华大学，就是出于这个目的。演说结束之际，罗家伦再次强调“学术独立”4 个字。

其实他的见解道出了很多人的心声。这些人都认为，如果清华大学不能从留美预备学校的名声中独立出来，不仅是清华大学的耻辱，还是整个中国的耻辱，因此他们最渴望的就是尽快让清华成为真正的大学。罗家伦主持清华大学之前，蔡元培就着手将其纳入国立大学的体制内，但就是没能实施。当罗家伦在清华大学礼堂里宣布将清华大学变成国家完整的大学后，很多人都认为这是学术独立的重要标志。

其实这并不是真正意义上的学术独立。所谓的学术，必然是一种超越政治干扰、超越国界的追求真理的活动。学术独立和教育独立的内涵，绝不仅仅是摆脱外国势力的控制，还应该包括不受任何政治等因素的干扰。显然，罗家伦只强调了教育独立，而忽视了学术独立，这从一个侧面也反映出他作为国民党党务工作者的局限性。此外，罗家伦的入职演说虽然也谈及蔡元培提倡的“兼容并包”，但两者却存在很大的差别，这种差别表现在罗家伦没有强调思想自由和学术独立，这也体现着作为一个党务工作者在问题思考上存在局限性。

不容否认的是，大革命时期的国民党学会用“名教”的方式统一意志和行动。短期来看，这些东西或许能起到作用，但从长远来看，产生的副作用不容忽视，甚至还会带来意想不到的危害。罗家伦在出任清华大学校长时，胡适便发表了一篇题为《名教》的署名文章，他在文章中指出，中国自古以来就存在一种名词崇拜，也就是“名教”。这种近乎只喊口号的方式根本就是无用的。因此，他提倡“打倒名教”。而从罗家伦的就职演说中显然可以找到名教的影子，这或许也与他加入国民党有着很密切的关系。

罗家伦在演说中提及“四化”，即廉洁化、学术化、平民化、纪律化。其中的纪律化最让人难忘。他上任之后就把学生分为四队，实行了军训。他强调，实行的军训是为了有效贯彻教育方针。在军训中，罗家伦要求学生们统一穿上制服，早晚都会点名，不出席早操的会记过一次。为了以身作则，他也穿上制服和学生一起出早操。著名的逻辑学家沈有鼎当时还是清华大学的一名学生，他平常就表现得自由散漫，因此经常不出早操，结果被多次记小过。按照当时的规定，如果记小过9次，就要被开除，眼看着他就要被开除学籍，在学生们的共同抵制下，早操也被取消，他才没被开除。此外，还有很多学生因为受不了早操的制约，选择转校。

其实短期的军训对于学生来说，既可以体现出新鲜感，还能强化纪律性，但罗家伦似乎忽视了一点，那就是学校毕竟不能等同于军营，二者之间最大的区别就是，学校应该崇尚自由，而兵营则强调服从。出身于北京大学，之后又留学欧美多年，罗家伦应该能意识到这些问题。但此时的他作为国民党的一员，在权力欲望下有些飘飘然。还好他并不是一个脑筋不灵活的人，当军训遭到大多数学生抵制时，他立即取消军训。即便如此，他在学生心目中的印象也发生了变化，这或许也是他不能真正立足清华大学的原因之一。

3. 从兴师重教开始

罗家伦在治理清华大学上，不仅采用军训的方式，还想到了改善教师待遇。在他看来，要让清华大学实现学术独立的目标，就提高教师待遇，并要延续教授治校的管理体制。他在就职典礼上就曾表示，大学办得好，师资力量是个不可或缺的因素。在选择教师方面，应该破除一切情面与顾虑，以便做到公正。上任没多久，他通过考察发现，清华大学存在很多问题：第一，校内的机关太多，每个机关里都有一些人浑水摸鱼；第二，教员薪金过高，被赋予的权利过大；第三，学校各处都存在浪费现象；第四，图书馆藏书量过少，教学设备过于欠缺；第五，在教师的待遇方面，过多地注重资历而忽视学识；第六，学生过多地注重考试成绩而忽视学问，教师注重教书而忽视学术研究；第七，学生人数与教育成本不成正比，也就是学生数目少，而教育成本投入高；第八，学科在配置上非常不科学，有名无实的学系过于冗多。鉴于这些问题，罗家伦决定大刀阔斧地对清华大学进行整顿。其实整顿效果最为明显的就是提高教师待遇，并精简机关、淘汰多余的人员。

在罗家伦看来，清华大学之前的教师工资并不是很高，只是不存在拖欠的问题而已。国民革命成功之后，包括中山大学、中央大学、武汉大学等学校的教授待遇都要优于清华大学，加之首都迁移到南方，或许很难招到学术研究能力强的学者和教授了。罗家伦在教职员的待遇方面，也有办法。首先他发出一个通知，为每个教员发放新聘书，为每个职员发新委任状，强调聘书和委任状的区别。按照规定，在新聘书中，为教员增加工资，而在新委任状中，降低了职员的工资，特别是大幅减少了大职员的工资待遇，而小职员的工资却没有减少。这无疑提高了教员的待遇。教员对于这个规定自然拥护，职员也没有反对，因为他们知道这是校长的职权。

罗家伦实施的这些措施影响非常大，因为这能最大限度地提高优秀教员的执教热情，相反，那些平庸且混日子的人便遭到淘汰。经过这样的整顿，职员从原来的90多人降至70多人。之前设立的职业指导部、招考处被撤销，技术部、舍务室和其他科室进行了合并，图书馆、注册部等也实行了人员精简。经过初步计算，仅仅在精简科室这一项上，就为学校节省了两万多元的开支。与此同时，罗家伦还聘任了一些教授。当时除了聘请到冯友兰、杨振声之外，吴之椿、浦薛凤、克尔文、陈锦涛、邓以蛰、孙鏞、吴正之、萨本栋、谢惠、陈桢、钱玄同、沈兼士、朱希祖、翁文灏、葛利普、孙瑞林等在当时颇具影响力的学者教授也加入了清华大学。据不完全统计，罗家伦在任期间解聘了30多名不作为的教员，同时又重新聘请了40多名优秀学者，并提高了他们的待遇，以便让他们能够一心放在日常授课以及学术研究上。

如此一来，清华大学教师的地位得以显著提高。教师地位和待遇得到提升，就不会再出现与其他职员一争高下的情况，而更多的精力是放在维护学术的独立和尊严方面。对于清华大学当时的现状，冯友兰曾指出清华大学存在神仙、老虎和狗。在他眼中，教授好比是神仙，学生是老虎，而职员是狗。虽然其中含有污蔑之意，但却说明了当时清华大学教授地位之高。

罗家伦作为国民党的要员，从进入清华大学第一天起就肩负着推行“党化教育”的责任。但现实情况是，所谓的“党化教育”的宗旨和清华大学的自由主义相互矛盾。如果换成别人，或许很难同时处理好这种格格不入的关系，但罗家伦毕竟受过蔡元培的影响，以及在欧美留学期间接受过自由主义的熏陶，因此他才能稳妥地处理好这些令人头痛不已的问题。

上任之后没多久，罗家伦就制定了《国立清华大学条例》和《国立清华大学规程》，并颁布实施。但在实际执行过程中，在很多事宜上，罗家伦和教授之间也产生了分歧。比如，《国立清华大学规程》规定，校长有权决定各院院长任免的问题。对于这一点，教授们自然不认同，他们坚决认为院长应该由教授会选举产生。最终罗家伦在此问题上做出了让步，决定院长首先由教授会选举，然后再由校长从中进行选定。罗家伦这样做，不仅有效化解了与教授之间的矛盾，还有效维护了教授治校的管理体制。

4. 为清华基金而奋起反击

罗家伦在出任清华大学校长两个月后，便向清华大学董事会提交了一份计划书，除了详细汇报到校经过、整顿情况之外，还提出了一个未来计划。在计划中，有两个问题比较敏感：第一个是动用清华基金为学校增添教学设备；第二个是对清华基金的使用模式进行改革。

对于第一个问题，罗家伦表示学校现有的教学设备大多是留美预备学校时期遗留下来的，教学设备陈旧不说，还与清华大学的名声不相称。在这种情况下，他提出了改革意见：建设学生宿舍、设立自然历史馆、建造化学实验室、扩大图书馆的规模、扩充图书仪器、建筑办公处。初步计算，这 6 项改革意见所需要的花销在 85 万元，因此他提议这笔资金要从清华基金里面支出。这样自然也就引出了第二个关于清华基金改革的问题。罗家伦指出，虽然很多人都知道清华基金有 800 多万，但基金在使用方面却没有明晰的统计，这就让基金成为一个哑谜，很少有人能弄清楚其中的实情。因此罗家伦提出要彻底清查清华基金。

其实，清华基金在管理上存在的黑幕，是罗家伦通过一次偶然的机会发现的。1928 年他担任战地政务委员时，在北京目睹了汤姆生会计师事务所对清华基金做出的账目报告。报告中声称，清华基金在管理上存在很多问题，有人可以随意动用基金买股票、置备房产；还有人前一天将基金存到银行，第二天银行就宣告破产；此外，还有人采用换汇的方式贪污公款。由此罗家伦表示，在北洋军阀时期，清华大学有一个基金保管委员会，由外交总长、次长和美国公使3个人组成。外交部自然是占大多数了。于是外交部的人就可以任意支配基金，甚至去挥霍，总之就是谁管理这笔基金谁就能发财。可见罗家伦的质问还是有凭有据的。

当时的清华董事会刚刚经历了改组，虽然董事会大多数认可罗家伦所提的问题，但对于动用85万基金却不同意。无奈之下的罗家伦只能用辞去清华校长来进行抗争。在他看来，自己的辞职并不是屈服，而是用自己的辞职换来清华基金的独立与安全。于是在他提交辞呈的前两天，他便草拟了一份“万字书”，对清华大学基金黑幕进行了披露，并寄给多家报社。紧接着，他又与美国的马慕瑞、国民党政府委员陈果夫、孙科等人会面，并提出了“改隶废董”的议案。“改隶”就是要彻底改变清华大学由此前的教育部和外交部共同管理的状况，而由教育部单独管理；“废董”指的是废除清华董事会，并让中华教育文化基金董事会负责保管清华基金。罗家伦通过努力，目的也得以实现。教育部重新颁布了《国立清华大学规程》，取消了清华大学之前颁布的《国立清华大学条例》。

其实，罗家伦在“改隶废董”过程中采取了一些非常规措施。他也认为自己所采用的办法不合乎常理，甚至透着一股霸气。但在与黑暗势力斗争的过程中，这也是不得已而为之的办法。他也知道一些人对他怀恨在心，但他为了清华大学的前途而考虑，并没有退缩。“改隶废董”之后，中华教育文化基金董事会便在当年接管了清华基金。这也说明，罗家伦此前提出的6项改革意见也有了资金保障。从1930年到1932年，清华大学先后落成了漂亮的新建筑：生物馆、学生宿舍、图书馆以及气象台。其中最引人注目、最壮观的莫过于图书馆。

清华大学图书馆不仅富丽堂皇，而且环境还非常高雅。很多人都认为在那灯火通明的阅览室中读书，有一种心灵被净化的感觉。毫无疑问，清华大学图书馆在当时的中国大学里绝对算得上一流。但在赞美图书馆的同时，却没有提及罗家伦为此做出的贡献。

罗家伦对图书馆也有自己的看法。在他就任校长之后，他便在全校大会上进行了批评，说清华大学的房子过于华丽，而教学设备却很稀少，这是清华大学最大的弱点。他表示，要增加仪器和图书方面的经费支出，让图书馆成为给学生提供便利和舒适的场所。1930 年，罗家伦通过公开招标的方式对图书馆进行了扩建。在之后的开工典礼上，他强调了对图书馆在建造方面的基本理念：图书馆一定要建造得结实耐用，还要注重舒适度。此外，罗家伦还有两个原则。第一个原则是要为日后清华大学的发展留有余地；第二个原则是一定要建造一个“让人难忘的阅览室”。关于第一点，他吸取了美国芝加哥大学图书馆的教训。该图书馆在建成使用后，没过多久便面临着书库爆满的情况，使得很多图书都堆砌在一起，不得不重新想办法。鉴于这种情况，他对当初要在原图书馆后面加盖一个建筑物，形成“工”字形的结构方案感到不满意，主张将书库建在图书馆北边，这样就可以有很大的地面空间不断地推进。虽然几十年后清华大学图书馆进行了改造，但罗家伦当时的提议确实是个有远见的做法。至于第二点，罗家伦认为，图书馆的阅览室是个最能催人奋进、最能勾起阅读欲望的场所。因此在建设中，应该多设座位，而且在每个座位上都安上台灯。在他看来，如果设置一千个座位，有一千名学生都在座位上，同时打开台灯阅读，将会是怎样一番壮丽的景象。不仅如此，罗家伦还在图书馆一层增加了很多供教授使用的研究室，无疑为教授提供了良好的研究条件。此后，从清华大学图书馆里走出了很多优秀的学者和文化名人，从某一方面来看，罗家伦在图书馆建造方面的功绩确实异常突出。

5. 临危接任中央大学

罗家伦为清华大学做出的贡献，主要有：

第一，废除了清华董事会，让清华大学不再受外交部的牵制，而直接受教育部的管理。

第二，建立并健全了清华基金管理制度，扫除了由基金引发的贪腐行为，稳定了清华大学的经济基础。

第三，在清华大学里增加了建筑，并添置了教学设备，极大地改善了学生和教员们的学习和学术研究环境。

第四，提升了教师的待遇，使其能够安心地治学和研究。

第五，为了培养人才、激励人才而设立了奖学金制度。

第六，招收女学生，让她们享受到平等的教育机会。

除此之外，罗家伦取得的成就，不仅承揽了旧清华的传统，还得到了新发展。大多数人都认为梅贻琦为清华大学做出了不小的功绩，但却忽视了罗家伦为清华大学做出的贡献。年轻气盛、思想激进的他，在当时的背景下，必然会招致一些人的批评。而他自身的国民党党员背景与清华人主张的学术研究必须独立于政治之外，也是不可调和的矛盾。这或许都是迫使罗家伦过早离开清华大学的重要因素。

1930 年，罗家伦提交辞呈。其外部原因是中原大战的爆发，此时大军阀阎锡山将华北揽入怀中；而内部原因就是，反对罗家伦的学生在全体学生大会上提出让他辞职的要求。虽然学生的这个要求没有被通过，但罗家伦已经坐立不安，也不想逃避下去，于是他找冯友兰等人商议。很多人都认为，让罗家伦辞职，无疑是对他最大的挑战和侮辱，应该让他主动提出辞职，以表反击。罗家伦思前想后决定辞职。罗家伦从上任到辞职，虽然只有短短两年的时间，但他在清华大学历史上却是一位有突出贡献的人物。

罗家伦本想飘然而去，但教育部并没有批准他的辞职请求。但他的去意已决，便独身一人来到武汉大学执教。没过多久蒋介石也来到武汉，劝他回到清华大学，后来又让他赶往南京担任中国政治学校教育长一职。由于蒋介石时任中央政治学校校长一职，中央党务学校是其前身，而罗家伦也曾经参与过该校的筹备工作，因此他对学校的情况非常了解。

对于政治，罗家伦有自己的认识。在他看来，涉身政治的人不仅要掌握专门的知识和技能，还要拥有健全的人格。如果缺失这些，就不能算是一个合格的政客。1932 年 9 月，罗家伦被任命为中央大学校长。该校的前身是张之洞创立的三江师范学堂。三江指的是江苏、江西、安徽，后因为三者之间产生了矛盾，便把三江师范学堂改为两江师范学堂。辛亥革命之后，又改为南京高等师范学校。到了 1921 年又改为东南大学，这样一来，该校就成为东南地区最具影响力的高等学府。

1927 年国民党定都南京之后，将江苏境内的 8 所专科学校和东南大学进行了合并，重新命名为第四中山大学。这种将所有大学以“中山”二字命名的自然长久不了。1928 年，国民政府本想将其改为江苏大学，但却遭到很多师生的反对，最终决定将其命名为中央大学。

1931 年，中央大学校长朱家骅因为本校师生打砸中央日报社，并殴打外交部部长，而遭到免职。接任他的是段锡朋。早年考入北京大学，并在五四运动期间任全国学生联合会会长。由于他对抗着段祺瑞政府，因此被学生们称为

“段总理”。他与罗家伦同一时期留学。留学归来后，他在武昌大学和中山大学任职，之后还担任过教育部政务次长。在罗家伦眼中，久居官场的他并没有沾染一点腐化风气。因为在个人前程方面，他拒绝了当局给他的职位。他认为，涉身政治必须要有抱负和独立见解，如果缺少这些因素，不如不从政。为此，罗家伦对他的评价就是，既有儒家气象，又不失墨家传统。这样一个人担任中央大学校长本来最适合不过了，但由于当时的中央大学是中共地下组织最活跃的地方之一，蒋介石对此极为震怒，随即便宣布解散中央大学。中央大学被解散之后，蔡元培、罗家伦、李四光等人奉命成为中央大学整理委员会委员，目的就是对学校进行整顿。整顿过后，罗家伦便被任命为中央大学校长。如此一来，他便在动乱之际接受了任命。

6. 大学教育战线上的“健将”

1928 年罗家伦出任清华大学校长之后，主要在以下两个方面对清华大学进行了改造和治理。第一个方面是让清华大学从外交部中脱离出来，回到一个大学的本来轨迹和面貌；第二个方面是下大力气招录人才，并淘汰不合格的教员。这些事情看似简单，但在实际操作中却不简单。前者必然会招致强势势力的不满，而后者又牵扯到过多的人际关系，甚至因为辞退某个教员而影响人际关系等。罗家伦的这种在一些人看来极端的行为，胜算概率渺茫不说，还可能得罪更多的人。

罗家伦面临着两方面看似不能完成的任务，一方面利用个人的智慧以及自己积累的官场经验，另一方面牢牢借助舆论力量，经过努力，最终达成目的。有一个细节值得一提，罗家伦为了能够从南开大学请到当时著名的历史学家蒋廷黻，竟然亲自到南开大学待了一夜，这让蒋廷黻十分感动，也决心到清华大学任教。从罗家伦时期开始，清华大学逐渐从“美国大学预科学校”摆脱出来，成为学科逐步完善且师资力量得到较大发展的综合性大学。罗家伦取得的这些成绩无疑为清华大学的发展奠定了良好的基础。从某个角度说用前人栽树，后人乘凉来表达最恰当不过。对此，陈寅恪对他高度评价：“志希（罗家伦字）在清华，使清华正式成为一座国立大学，功德是很高的。即使不论这点，像志希这样的校长，在清华也可说是前无古人，后无来者。”

罗家伦另外一次投身大学事业是在 1932 年。这一年 8 月，他来到中央大学出任校长，从此便开始了长达 9 年之久的校长任期。在此期间，他经历了中央大学从扩建到搬迁的整个过程。1934年，他开始施展他的建设计划。按照罗家伦的设想，中央大学新校址占地面积为530多万平方米，总投资金额为240万元。计划于1937年动工，1938年完工。最终的目标是建造一所容纳10000名学生的大学。但由于受到抗日战争的影响，该计划不得不搁浅。

虽然宏大的建设蓝图被迫搁浅，但并没有影响罗家伦的奋斗热情。在中央大学10周年的纪念册上，罗家伦做了一个简单的统计："计约略4年的时间共费在图书仪器及教学设备等项，为223万元。为数过于全部预算四分之一。西文专门杂志订到700余种；重要的全套杂志自出版以至当时的增购计60种。"

在出任清华大学和中央大学校长共11年的时间里，罗家伦作为校长，其工作重点也会因为对象的不同而存在差别：在清华大学期间，他更注重于改善校园内外环境，让大学教育真正摆脱官僚气息；而在中央大学时期，他更注重改善学校各项教学条件，但可惜历史的原因没能让他如愿。

由于历史久远，环境和条件也在改变着，人们应该能想象到罗家伦当年在办学时遭遇到的种种困难以及挫折。当然，这并不光光是简单地回味历史，更为重要的是，人们在追寻罗家伦积极热忱投身大学教育事业的同时，应该深思：在各种条件都比此前好很多的今天，现在的大学教育是否能涌现出像罗家伦这样不畏艰险、扫除杂念致力于教育事业的"健将"呢？

第六章

清华“终身校长”梅贻琦：研求真理，提倡“吾从众”的民主作风

梅贻琦谈大学精神：

“凡一校精神所在，不仅仅在建筑设备方面之增加，而实在教授之得人。”

“所谓大学者，非谓有大楼之谓也，有大师之谓也。”

一个人一辈子如果能留下一句哲言，做成一件大事，就可以称得上是功德圆满。梅贻琦用毕生的精力服务于清华大学，通过自己的孜孜不倦，让清华大学声名鹊起，成为国内数一数二的综合性大学，这绝对是件大事。梅贻琦说过：“所谓大学者，非谓有大楼之谓也，有大师之谓也。”

主张“行胜于言”的梅贻琦说过，“为政不在多言，顾力行何如耳”。他喜欢做实事，愿意干难事，能干大事，在知行合一方面是个典范。梅贻琦在历任清华大学校长中享有很高的盛名，在中国近代教育史上也做出了突出的贡献。无论是行事作风、教育理念，还是人格魅力、道德品格，都给人们留下异常深刻的印象。他执掌清华大学多年，不仅让清华大学成绩斐然，还让自己的人格魅力飘得更远。

人物小传

梅贻琦（1889—1962），字月涵，出生于天津。15 岁便考入南开中学，1908 年以第一名的成绩毕业之后，被保送到保定高等学堂深造。没过多久，他作为“庚子赔款”的留美生抵达美国继续深造。1910 年，他进入美国马萨诸塞州吴斯特工业学院学习，求学期间还皈依基督教，并成为一名基督徒。1914 年，梅贻琦获得吴斯特工业学院工学学士学位。1915 年，26 岁的梅贻琦来到清华大学，教授化学和物理。1921 年，梅贻琦再次来到美国进修，进入芝加哥大学研习物理，并获得硕士学位。

1. 基督徒与儒者双重文化身份

梅贻琦1889年出生于天津。15岁便考入南开中学，1908年以第一名的成绩毕业之后，被保送到保定高等学堂深造。没过多久，他作为“庚子赔款”的留美生抵达美国深造。1910年，他进入美国马萨诸塞州吴斯特工业学院学习，求学期间还皈依基督教，并成为一名基督徒。求学期间的梅贻琦成绩优秀，性格极为温良，还笃信基督教，从不错过周日进行的礼拜。1913年，他加入基督教青年会北美联合会组织。当时的基督教青年会是一个社会化的组织，立会的宗旨强调为社会和大众服务。

1914年，梅贻琦获得吴斯特工业学院工学学士学位。但由于家庭经济情况不足以支撑他继续攻读研究生，梅贻琦不得不放弃继续深造。10月回国之后的他被天津基督教青年会聘为干事，直到1915年9月他回到清华大学任教。

这一段时期的清华大学有着非常浓厚的基督教色彩。美籍教师自然不用多说，中国教师大多也是虔诚的基督徒，而学生中也有一些人笃信基督教。此时无论是清华大学校长，还是教务长等人，要想在清华大学站稳脚跟，除了具备留美的条件外，是否为基督徒也至关重要。成立于1912年的清华大学基督教青年会，当时的会员人数竟然占到了学校人数的一半，他们都归北京基督教青年会学生部领导。基督教青年会为了宣扬基督教教义以及提升学生们的英文阅读能力，组织了很多课外辅导班，每班人数控制在10个人左右，每周举行一两次的指导活动课。活动课上，中外老师指导学生们读英文版的《圣经》，由于梅贻琦担任天津基督教青年会干事，因此他也加入到对学生们的指导工作中来。

1921 年，梅贻琦再次来到美国进修，进入芝加哥大学研习物理，并获得硕士学位。游遍欧洲大陆之后，回到清华大学。梅贻琦受中华基督教会青年会之托，游历并考察了欧洲中国青年留学生的生活和学习状况，同时还关注着欧洲各地基督教青年会的发展和运作。梅贻琦和林武煌、胡贻谷、刘湛思、沈隽淇、朱斌 6 人写了《欧游经验谈》一书。梅贻琦在书中介绍了 5 个具有代表性的基督教青年会，其中有伦敦青年会所、全英青年会、世界青年会事务所、巴黎留法学生青年会、美国青年会事务所。在介绍全英基督教青年会时，梅贻琦评价该会创始人卫良佐治以及该会总干事耶波氏。在他看来，这两个人为人和气且知书达理，而两人的精神气质也令人崇敬。按照梅贻琦的性格来说，他并不会随意介绍谁，之所以会着重介绍这两个人，或许是有意表达基督教青年会的气质和精神。这无疑也在说明基督教青年会积极健康以及服务于人的内在追求。

在梅贻琦对游记的记叙中，可以明显感觉到他对基督教青年学会的赞美之情。作为这样一位受基督教青年会影响至深的教育大家，他一直秉承基督教界脍炙人口的名言“非以役人，乃役于人”服务于清华大学。而他做出的努力，也体现在“中西合璧”4 个字上。

梅贻琦见证了清华大学从一个留美预备学校发展成为中国数一数二的大学的过程。期间，他不仅经历了 20 世纪 30 年代清华大学群贤毕集的“黄金时代”，还经历了抗战时期艰苦卓绝的日子。毫不夸张地说，“清华校长”是梅贻琦一生最重要的身份符号。他也曾经表示：“琦自 1909 年，应母校第一次留美考试，被派赴美，自此，即与清华发生关系，受清华多方培植。32 年来，从未间断。以为‘生斯长斯，吾爱吾庐’之喻，琦于清华，正复如此。”

从梅贻琦身上不难看出，他是集文化身份和基督徒身份为一体，最终也在个人道德修养层面上得到了有效结合。而他本人也接受了两者对个人行为处事的要求以及道德修养的规范。梅贻琦清华大学校长的形象，也反映出中国近代知识分子在社会转型时期儒者和基督徒相互融通的本色。

2. 清华大学校园里的新面孔

1915年，26岁的梅贻琦来到清华学堂，教授化学和物理。当年的清华学堂还没有变成大学，但校长周诒春正谋划着将清华学堂改成大学，于是在给梅贻琦的聘书上并没有写清具体的职务，而只是写了“教授”二字。半年之后，梅贻琦趁学校放暑假时来到天津与张伯苓会了面。两人见面之后，他就表达了对执教不感兴趣，想要换份工作的想法。张伯苓耐心地劝说了他，并告诉他青年人想要干一番事业，必须要学会忍耐的道理。梅贻琦只好遵从张伯苓的嘱托，回到清华学堂继续执教。

自从梅贻琦来到清华学堂执教之后，不仅解决了家庭经济上的困难，也有了精力考虑自己的婚姻大事。1918年，在严范孙、卞肇新等人的介绍下，他与26岁的韩咏华订婚。此时的梅贻琦已经进入而立之年。两人订婚的消息很快便传开了，韩咏华的同事告诉她，梅贻琦是个不爱说话的人，但韩咏华却不在意。

梅贻琦的不爱说话在当时是出了名的。和梅贻琦同时期留学的徐君陶回忆，在看榜时，总有个不慌不忙的人站在公榜下面，这个人就是梅贻琦。从他不喜不忧、从容不迫的态度上，很难看出他是否考中。虽然梅贻琦话不多，但和别人谈话时却是另外一副姿态——和蔼可亲，因此他也被称为“寡言君子”。更有意思的是，梅贻琦结婚之后与太太、弟弟以及两位朋友出行的时候，弟弟一路上不停地说话，可梅贻琦却一言不发。朋友不解便问梅贻琦，为何不像弟弟那样多说话。梅贻琦开口解释说，说话的人多了，自然要有个听的人。在订婚一年之后，梅贻琦与韩咏华完婚。当时很多朋友都到场祝贺，由于梅贻琦字月涵，于是很多人故意开起了玩笑，将喜联上的“月涵”写成“悦韩”。结婚之后两个人在北京租房，梅贻琦平日教完课后住在宿舍，到了周末才回家。当时他家中的3个弟弟都在读书，因此他的工资被分成3份：一份寄给住在天津的父母，一份给弟弟们读书之用，最后只留下很少一些供自己日常生活使用。妻子韩咏华也没有多少钱财，梅贻琦给她多少钱，就用多少钱过日子，不仅没有任何抱怨，还不会干预梅贻琦做事。之后，梅贻琦的3个弟弟都考入清华大学，而最小的妹妹也考入天津南开大学，他就一直用自己执教的工资供弟弟妹妹读书直到毕业。在弟弟妹妹眼中，大哥从来都没有训斥过他们，总能让他们心悦诚服，以至于他们的为人处世都深受梅贻琦的影响。

1921年，已经是梅贻琦在清华任教的第六个年头，这一年，他被学校派往美国芝加哥大学进修。经过为期一年的进修之后，回到学校后被任命为物理学主任。在筹备大学部之际，他积极地参与其中，此时的他已经得到很多人的支持和认可。直到他举家搬到清华南院后，一家人才团聚。1926年，清华大学实行了改革，同时还设立了评议会和教授会。这些改革可以说是为“教授治校”打基础。同年4月19日，清华大礼堂召开了第一次教授会会议，会上通过投票的方式选出清华教务长，而梅贻琦以高票当选为教务长一职，也是清华大学自建校以来首位通过民主投票方式选出的学校教务长。

梅贻琦出任教务长之后，便着手进行教学和课程方面的改革。在大学部本科下设11个学系，与美国大学教育接轨，采取了“先通后专”的方式，即第一年在全体学生中实施通才教育，第二年学生们根据自己的喜好再进入各自领域学习专业知识。梅贻琦解释说：“第一年专用于文字工具之预备，自然科学与社会科学之普遍训练，其目的在使学生勿囿于一途，而旁涉他门……

学生第二年以后，得选定专修学系，以从事于专门之研究。然各系规定课程，多不取严格的限制，在每专系必修课程之外，多予学生时间，使与教授商酌，得因其性之所近，业之所涉，以旁习他系之科目。盖求学固贵乎专精，然而狭隘之弊与宽泛同，故不可不防。”

3. 与清华大学的“一见钟情”

由于清华大学最初是留美预备学校，因此当时很多学生来清华大学的主要目的是谋求日后的留美深造。1927年，在大一留美预备班未赴美留学深造之前，梅贻琦写了一篇文章，向他们提供了留学的建议和指导。他告诉学生们在进入新环境后，首先应该让个人意志得以平衡，要设立远大的目标，绝不能甘于平庸，更不能被美国奢华的物质条件迷失双眼。他强调，无论留学时选择哪种学问，都要保持科学家的态度，这样才可能换来真才实学。对待科学的态度应该具备以下条件：第一，任何事情不要存在成见，更不要融入过多的个人主观意愿；第二，探究事实，以事实为行为准绳；第三，根据已知的事实推断真理，切不可妄自推断；第四，内心要有追求真理的强烈欲望。1928年，梅贻琦前往美国华盛顿，出任清华留美学生监督处监督一职，主要负责管理在美国留学的清华学生。此时的他将监督处办成了方便学生沟通、气氛活泼的学生之家。

也就是在梅贻琦出任留美学生监督处监督一职时，罗家伦成为清华大学校长。此时的清华大学，有了梁启超、赵元任、王国维、陈寅恪等人的加入，立即焕发生机，同时还让清华大学成为闻名全国的高等学府。罗家伦上任之后，便将清华大学改名为国立清华大学。随后又对清华大学进行了大刀阔斧的改革，但由于改革力度过于激进，罗家伦没能赢得学校师生的支持，最终于1930年辞去清华大学校长一职。

罗家伦辞职之后，国民政府先后两次派人去清华大学担任校长，但都遭到师生们的共同抵制。在这种情况下，清华大学出现了将近一年没有校长的局面。

无奈之下，教育部部长只好请梅贻琦从美国回到清华大学，很多人都劝梅贻琦不要回去，他本人也深感自己无法胜任，便回绝了教育部。但在教育部几番邀请之下，他决心接受校长一职。梅贻琦在清华大学的就职演讲中说了一段意义深远的话："一个大学之所以为大学，全在于有没有好教授。孟子说：'所谓故国者，非谓有乔木之谓也，有世臣之谓也。'我现在可以仿照说：'所谓大学者，非谓有大楼之谓也，有大师之谓也。'"

他在演讲中还说："我们的智识，固有赖于教授的教导指点，就是我们的精神修养，亦全赖有教授的启发。但是这样的好教授，绝不是一朝一夕所可罗致的。我们只有随时随地留意延揽而已。同时对于在校的教授，我们应该尊敬，这也是招致的一法。"他始终认为："教授责任不尽在指导学生如何读书，如何研究学问。凡能领学生做学问的教授，必能指导学生如何做人，因为求学和做人是关联的。"

如果说罗家伦成功开辟了教育大家进入清华大学的校门，那么梅贻琦无疑是将清华大学传统发扬光大并引领清华大学迈进新时代的人。在他上任之后，除了对人才进行培养以及重视学术研究外，还通过各种方法从社会各界聘请到一流的学者和大师来清华大学任教。当时的清华大学，名师众多、大师云集。梅贻琦充分尊重清华大学原有的教授，同时还继续招贤纳士。从 1932 年到 1937 年，在梅贻琦的主持下，国内大批名师学者都涌入清华大学，由此也能看出清华大学对于人才的渴望是多么强烈。

4. 寡言君子的“稳”

梅贻琦接手清华大学后，只用了一年多时间就让清华大学焕发出勃勃生机。在很多人看来，清华大学学生思想激进，闹学潮是拿手好戏，对教授或学者进行品评也是家常便饭，而驱除校长也是保留剧目，历史上很难有哪位校长敢说自己能够相安无事。但梅贻琦却创造了清华大学的一个奇迹，在他担任清华校长期间，地位非常稳固，受到学生和教授的一致认同与拥戴。他究竟是如何做到的呢？有趣的是，梅贻琦给出的答案也颇具趣味性：“大家倒这个，倒那个，就没有人愿意倒梅（霉）！”

（1）寡言君子的第一“稳”

梅贻琦地位稳如磐石，并不是借助于权术。他在清华大学校园内建立起的民主制度以及自身以德服人的魅力才是关键因素。他一直以来都坚持“教授治校”的原则。清华大学教授会由学校全体教授和副教授共同组成，是清华大学最高的权力机构，该会的表决权主要涵盖以下一些方面：

第一，对改进学风以及研究教学方案上进行审议；第二，对学生考试成绩的审核以及学位授予工作的管理与监督；第三，从副教授、教授中推荐出各院院长以及教务长。

清华大学教授会由校长召集和主持，但教授会成员也可以提出自行建议集会的想法。清华大学评议会是一个负责学校的立法、决策和审议的权力机构。它由校长、教务长、秘书长以及各学院院长和教授会推选的评议员共同组成，也就相当于教授会的常务机构。评议会的职责主要有：

第一，商讨学校各学系的设立变更甚至废除；第二，对预算进行审定，商讨教授、讲师等人的任免。朱自清在《清华的民主作风》一文中这样写道："在清华服务的同仁，感觉着一种自由的氛围，每人都有权利、有机会对学校的事情说话，这是并不易的。"由此可以看出，梅贻琦对清华大学的改革也是深入人心的。

校务分层负责，民主至尊、法度严明，梅贻琦只需要念好"吾从众"的三字经，就可以实现无为而治。1940 年，也是梅贻琦服务清华大学的第二十五个年头，他在公祝会上致答谢词，将自己和京戏里面的"王帽"角色联系在一起，他对自己的定位非常有趣，也可以看出他骨子里流淌出的谦虚：每次出场他都会王冠齐整、文武将相前呼后拥，场面蔚为壮观。其实真正懂戏的人，不会注意到端坐在中间的王帽，因为真正的好戏并不是他来唱。运气好的他，在一个好班子里，别人对这台戏叫好时，他也感觉到荣誉。

在当时风云激荡的岁月里，梅贻琦主持清华大学，并做清华大学的"王帽"，其实这并不是件容易的事情，他也很难回避一些找上门来的质疑与麻烦。和蔡元培一样，梅贻琦在学术研究上也主张"兼容并包"的原则，而在政治问题上更趋于中立。他在日记中也表达了自己的立场："余对政治无深研究，于共产主义亦无大认识。对于校局，则以为应追随蔡孑民先生兼容并包之态度，以恪尽学术自由之使命。昔日之所谓新旧，今日之所谓左右，其在学校均应予以自由探讨之机会。此昔日北大之为北大，而将来清华之为清华，正应于此注意也。"

虽然梅贻琦的态度是中立的，但一方面却在悉心保护教员中的左派激进分子，其中就有闻一多和吴晗等人。1948 年 8 月，当他得知一些清华大学教授的名字被列入政治黑名单后，就连夜找到吴晗，劝他不要到外面，就躲在学校里，这样才不会遭到暗算。

（2）寡言君子的第二“稳”

德育、智育、体育全面发展一般都是学校所强调的，蔡元培在此基础上加上了美育，而梅贻琦又在四育基础上加上了群育，也就是五育齐全发展。在他看来，培养学生群体意识不仅可以克服一些学生在交往上存在的障碍，还能让学生更快更好地融入社会中，达到群中有己，己中有群。梅贻琦曾表示：“文明人类之生活，不外两大方面：曰‘己’，曰‘群’。而教育的最大目的，不外使‘群’中之‘己’，与众己所构成之‘群’各得其安所遂生之道，且进以相位相育，相方相苞，此则地无中外，时无古今，无往而不可通也。”

他的这些话真切地阐述了他所推崇的秘诀。虽然他被称为寡言君子，但并非寡人。实际上，很少有哪个自视清高、刚愎自用的孤家寡人能够赢得众人的尊敬和拥戴，即便他手中掌控强大的军队力量，恐怕也很难做到让人心悦诚服。那些在群体中以高姿态显示自己的人，最终也会招致别人的反感，只有那些“稳”字当头的人才能稳居其位并确立权威。而清华大学有如此多的一流学者和教授，他们都对梅贻琦怀有敬意，也说明他将群育成功地运用在实践中。

（3）寡言君子的第三“稳”

在抗日期间，让大家填饱肚子并稳定人心都是不能被忽视的问题。此时的梅贻琦正主管西南联大的校务，也感觉肩上的担子明显重了起来。在当时物价飞涨、供应短缺的情况下，梅贻琦做事既稳重又无私。他保证让全校师生不会断粮断水，每户按照一个月一石六斗米标准进行分配，并加派人手到邻近各县购买与运输。要知道，在当时炮火纷飞的年代里，运输工作是艰苦的，更是危险的，因为运输人员时刻要与敌人的炮火擦肩而过。在梅贻琦的主持下，清华大学和其他学校相比，条件是最好的。在西南联大物质极度匮乏的时候，清华大学便成立了服务社，利用工学院暂时闲置的设备从事着生产活动，并用盈余补贴其他人的生活。当时的北京大学和南开大学都处在困境中，梅贻琦不断向其提供馈赠，从而看出他的公正无私。这些不仅让梅贻琦收获了清华大学师生的爱戴，也收获到北京大学、南开大学师生的崇高敬意，因为他们眼中的梅贻琦是公正稳重的。

人们都知道“酒后乱性”的道理，如果不是特别稳重的人，喝醉酒之后必然会出洋相，有装疯的人，有骂人的人，有失语的人。“一缸酒，见人肚。”这句谚语还是有道理的。虽然很多人都知道梅贻琦爱喝酒，但他却恪守酒德，因此也被人称为“酒圣”。称号并不是别人刻意给他戴的高帽子。而是因为梅贻琦清华大学的很多同事都表示，虽然看到梅贻琦喝醉过，但从来没看见过他闹酒。在一篇名为《清华和酒》的文章中，作者对梅贻琦的酒量有过这样细致而生动的描述：“在清华全校师生员工中，梅先生的酒量可称第一。……大家都知道梅先生最使人敬爱的时候，是吃酒的时候，他从来没有拒绝过任何敬酒人的好意，他干杯时那种似苦又似喜的面上表情，看到过的人，终生不会忘记。”1947 年，清华大学举行了校庆活动。在宴席上，教员职工首先逐级向梅贻琦敬酒。梅贻琦没有拒绝，而是一一笑领，并实实在在地干了杯，一口气竟然喝了 40 多盅，颇有一醉方休的势头。宴席下来之后，梅贻琦的表现却出乎很多人的意料，他不仅神态轻松，而且也没有任何失态之处。

5. 梅贻琦的“慢”

梅贻琦的“慢”不是缓慢、怠慢、傲慢，更不是不诚信、不守时，而是他做事从容不迫以及张弛有度。梅贻琦是张伯苓的得意弟子，1909 年报考了清华大学第一批庚子赔款留美公费生。

赴美留学的中国公费生大多会选修文科，选修理科的人次之，很少有人选修工科。但梅贻琦选择攻读的是电机工程专业，并获得学士学位。7 年之后的他再次赴美，获得机械工程学硕士学位，还被纽约大学聘为讲师。到美国留学的梅贻琦深感美国工业文明的快速发展，也知道中国短期内无法超越美国。能做的只能是将开办教育事业作为奠定现代化的基石。于是他告诫即将赴美留学的学生，必须要克服自身浮躁的心魔，只有狠下功夫，对各种人文、科学等课题进行深入研究，才能在学业上有大的收获。

（1）梅贻琦的第一“慢”

很多人曾不止一次地开玩笑说：梅贻琦做事情总是会慢上半拍。在那个时期，男人大多早婚，但梅贻琦偏偏在 30 岁才结婚。殊不知，他晚婚确实有隐情。当年，梅贻琦家境并不宽裕，不仅要赡养父母，还要供几个弟弟读书，于是他决定先搁置自己的婚姻大事。直到 30 岁时，他才结了婚。

梅贻琦在教育观的问题上一直强调，教育学生不应该像流水线作业那样，而应该是熏陶。他说过，“学生没有坏的，坏学生都是教坏的”。如果细细品味他说的这句话，还是有很深刻的道理的。他所提倡的通才教育是以思想自由为基础。1941年，在清华大学建校30周年之际，他发表文章《大学一解》，在文章里强调大学思想自由以及言论自由的重要性。在当时，中国政界有多少个党派，清华大学就有多少个党派；中国学术界拥有多少流派，在清华大学同样有多少个。思想自由、言论自由，不会因为政见的异同而遭到暗害，在清华大学以及之后的西南联大，清华大学中没有一位教师因为持不同政见而遭到免职，也没有哪一位学生因为发表过激言论而被开除。这种氛围的形成与梅贻琦的营造和维持密不可分。

（2）梅贻琦的第二“慢”

在风云激荡的多事之秋，梅贻琦的寡言，并不是缺少决断力和谋略，他所表现出的“慢”，更多的是一种积攒力量与勇气的象征。即使当日军开进了清华园，也没能扰乱他的方寸。

抗日战争前夕，北京高校学生们的抗日激情达到了空前高涨的地步，时任冀察政委会委员长的宋哲元虽然对学生运动有很高的警惕性，但他下令不能对学生动粗。鉴于军队巡查清华园，清华大学学生的怒火一下子被激发出来，做出过激之举，如此一来，事态便迅速升级。没过多久，就有荷枪实弹的士兵进驻清华园，这引起师生们的恐慌。为了应对这种混乱的局面，校务会议的几名负责人找到梅贻琦，商讨应对策略。

每个人都对事态的发展发表了意见，但只有梅贻琦未发一言。最后，大家都等他发言表态。足足等了3分钟，梅贻琦点燃手中的烟，仍然没有发表意见。此时文学院院长冯友兰有些着急，便询问梅贻琦的意见，但梅贻琦还是没有表态。外国文学系教授叶公超终于忍不住了，便用催促的语气让梅贻琦尽快发表意见。此时，面对在场人焦急的目光，梅贻琦才站起身发表了自己的观点。在他看来，想要完全阻止士兵来校园里巡查几乎是不可能的事，现在最好的办法就是想想如何减少他们到来之后引起的骚动。随后，他让教务处通知被军队盯上的学生，让他们尽快躲起来。然后他亲自致电北平市市长，也是宋哲元的重要幕僚秦德纯，请求他出面说服宋哲元将士兵从清华大学撤走。秦德纯满口应承，不久之后，在清华大学校园里的士兵果然撤离了。梅贻琦通过努力，让清华大学换回一时的安宁。但好景不长，1936 年 2 月，北平警察局到清华大学抓走了 10 多个人。很多学生怀疑是清华大学教务长潘光旦将花名册给了当局，于是对其进行攻击。由于潘光旦是个残疾人，愤怒的学生将他的双拐扔到地上。梅贻琦见潘光旦如此难堪，他作为一校之长，不忍心让同事代己受过。他让不肯罢休的学生打他，并愿意为被抓捕的人讨说法。他用沉重的语气告诉学生，做事应该有正确的判断以及理性的头脑，千万不能意气用事，并向学生们表示，如果还相信学校领导，他会负责保释所有被当局抓捕的学生，以便维护学术上的独立。

想要让义愤填膺的学生尽快地恢复理性而掐灭怒火，是不容易达到的。但梅贻琦用自己的耐心，在当局和学生们之间找到了一个平衡点。在处理这些棘手问题时，有人说应该采用快刀斩乱麻的方式，但梅贻琦却是慢工出细活，因为他认为，在形势如此复杂的背景之下，急性子不仅不能妥善处理问题，还可能让事态朝着越来越坏的方向发展下去。

梅贻琦为了营救学生，与北平警察局局长多次周旋，学生们也开始理解他的苦衷，为了感激他，特意模仿梅贻琦的口吻，编了一首顺口溜：大概或者也许是，不过我们不敢说；传闻可能有什么，恐怕仿佛不见得。这首顺口溜可以将梅贻琦在警察局周旋时的慢条斯理刻画得栩栩如生。

（3）梅贻琦的第三“慢”

抗战期间，梅贻琦也是国立西南联大三常委中的一员，由于当时北京大学校长蒋梦麟、南开大学校长张伯苓都被重庆国民政府委以重任，无心主持校务，这样一来，梅贻琦便全权主持着西南联大的校务。西南联大考虑到能让梅贻琦行动便利一些，于是给他配备了一辆汽车。当时正值物价飞涨的时期，梅贻琦将这件被他视为奢侈品的汽车封存了起来。如果出现外出应酬的情况，他就坐人力车前往。假如要到重庆等地出差，只要时间上来得及，他就绝不坐飞机。梅贻琦舍快求慢的精神的确让人钦佩。在艰难时期，他能省就省，他总强调，让我管理这个家，就必须要精打细算。梅贻琦所说的“家”，并不是自己的小家，而是西南联大这个大家庭。

6. 西南联大的“老船长”

说到西南联合大学，很多人会习惯性地将目光聚集在梅贻琦、张伯苓、蒋梦麟身上，这3个人是当年学校的常务委员。从客观的角度来看，蒋梦麟和张伯苓经常在重庆做事，对于远离千里之外的西南联大来说，并没有做出过多的事情。他们两个人对于西南联大产生的影响要比梅贻琦小得多。在西南联大组建初期，张伯苓就对曾经当过自己学生的梅贻琦说：“我的表你戴着。”而当时社会地位及声望都高于梅贻琦的蒋梦麟，也秉承着不随意插手西南联大事务的原则。不过，在两位教育前辈超然姿态的背后，也出于一些极为现实的考虑。从当时的情况来看，无论是教学设备、教学经费还是师生人数，清华大学都高居第一位。从世俗的眼光来看，3所大学的联合，对于清华大学来说是不合算的，但反过来也可以说，清华大学在西南联大占据了压倒性的优势。这样一来，由3所大学校长组成的校常委会，相当一部分时间都是由梅贻琦主持校务。对于梅贻琦来说，虽然之前已经是清华大学校长，但西南联大在他人生中占据了相当重要的一部分。代表其教育思想的重要著作《大学一解》，就是在西南联大完成的。

众所周知，清华大学是接受庚子赔款而创建的，也被清华人称为“国耻纪念碑”。梅贻琦也是1909年第一批被派往美国留学的学生之一，因此在此后的岁月里，“生斯长斯，吾爱吾庐”是梅贻琦经常说的一句话。这句话也代表着他对清华园的感情。虽然中国历史上有很多伟大的教育家，但像梅贻琦这样一生只专心服务一所大学的人却少之又少。1915年，梅贻琦回到母校任教，之后他与母校的联系也没有中断过。1928 年，梅贻琦以压倒性的选票出任清华大学第一任教务长，之后发生的清华大学学生三易校长风波中，人品过硬的梅贻琦就被推上清华大学校长的位置上。当时很多人都认为，梅贻琦有当校长的气魄和本领。

其实，梅贻琦当校长并没有什么特别之处，他将其概况为“为政不在多言，顾力行如何耳”。此外，他还有另外一条治校法宝，这就是“吾从众”。虽然他独揽清华大学大权，但会积极地听取教授们的意见，凡是有利于学校发展的建议，他都会微笑作答：“吾从众。”在他的努力之下，清华大学跻身于名牌大学行列。1941 年，清华大学建校 30 周年，接到了欧美一些知名大学的贺电，其中的一句“中邦三十载，西土一千年”就是对清华大学发展最好的肯定。

1937 年，清华大学与北京大学、南开大学组建为西南联合大学。这一时期能明显感觉到梅贻琦的处事方式发生着改变。过去的他遇事不会轻易表率，异常谨慎，但此时却改变了这一惯例，变得果断起来，还近乎“高调”地表达了自己的观点：“在这风雨飘摇之秋，清华正好像一条船，漂流在惊涛骇浪之中，有人正赶上驾驶它的责任。此人必不应退却，必不应畏缩，只有鼓起勇气，坚忍前进。虽然此时使人有长夜漫漫之感，但吾们相信，不久就要天明风定。到那时我们把这条船好好开回清华园，到那时他才能向清华的同人校友敢说一句‘幸告无罪’。”

回首西南联大，回忆校长梅贻琦，留给我们的或许不只是回忆，此时此刻听着梅贻琦所说过的话，“学生没有坏的，坏学生都是教坏的”，“所谓大学者，非谓有大楼之谓也，有大师之谓也”……这也是西南联大这位“老船长”留给我们的最宝贵的回忆。

第七章

“金陵女儿”吴贻芳：态度严谨，用责任释放“金陵精神”

吴贻芳谈大学精神：

“‘厚生’是我们人生的目的。我们不光是为了自己活着，还要用自己的智慧和能力来帮助他人和造福社会。”

来到现在的南京师范大学随园校区内，好比是与一位端庄、温婉、清丽、典雅的大家闺秀晤面。这座被称为“东方最美校园”的知识殿堂堪称中西结合的完美典范：草坪、回廊、山丘、花木、池塘，四季有景。庄严大气的宫殿式大屋顶让人感觉到渗透在空气里的历史沧桑。

没有人对这座校园的岁月沉淀表示怀疑，但一些人却不知道它的前世今生。即使经过校园东南角的贻芳园，看到金陵女子学院的耀人牌匾，行色匆匆的人或许也不会知道：这里曾经是中国第一个女子学校——金陵女子大学的所在地，而这里的一切都与一位一袭旗袍、一个发髻、一副眼镜的女校长有关，她就是吴贻芳，而这也是她初次担任金陵女子大学校长时的模样。

人物小传

吴贻芳（1893—1985），出生于湖北武昌。1904 年，11 岁的吴贻芳和姐姐吴贻芬来到公立杭州弘道女子学堂读书。1906 年年底，吴贻芳考入了上海启明女子学校。1916 年 6 月，吴贻芳成为金陵女子大学第一届毕业生。大学毕业后的她，被推荐到北京女子高等师范学校工作。1922 年以优异的成绩获得了奖学金，并被派往美国继续深造。1928 年 11 月，成为金陵女子大学第一位女校长。

1. 自古英雄多磨难

1893 年 1 月，吴贻芳出生于湖北武昌。她上有哥哥姐姐，下有妹妹，在家中排行老三。她的父亲吴守训是“候补知县”。母亲朱诗阁从小便接受良好的教育，闺秀出身。吴氏祖籍是江苏泰兴，在当地有着很大的影响力。早些年，吴守训的祖父中了翰林，其父也中了举人，吴守训也是跟随父亲举家来到武昌的。由于吴家不善理财，加之自身的清廉自守，到了其父时家境就开始衰败。吴守训是家中的独生子，天性木讷、不善言辞。通过十年寒窗苦读，考中了秀才，在私塾里靠传授知识为生。算上年事已高的老母，养活一家老小七口人的重担就都落在吴守训一人身上，这样一来，吴家的日子就过得艰难一些。之后在别人的点醒之下，吴守训将妻子的陪嫁变卖掉，换来一笔钱，“捐纳”了一个“候补知县”。之后，他通过一番疏通和打理，进入收支局任局长一职，如此一来，生活条件有所改善。

1904 年，11 岁的吴贻芳和姐姐吴贻芬来到公立杭州弘道女子学堂读书。由于她的外婆和二姨等人都定居在杭州，因此得到了关照。二姨和母亲朱诗阁姐妹情深，二姨父也是杭州城有名的人士，他知识渊博、为人善良，对吴贻芳姐妹也照顾有加。1906 年年底，在二姨父的大力支持下，吴贻芳考入了上海启明女子学校。由于该女子学校开设有英文课，且聘请了外籍老师授课，这对吴贻芳的英文水平有很大的帮助。第二年，吴贻芳姐妹两人考入当时颇有名气的苏州景海女子学校，吴贻芳本人也在此期间打下了坚实的英语基础。可是就在她展望自己的美好前程之时，传来了父亲自杀的噩耗。

万分悲痛的吴贻芳星夜兼程地和二姨父等人赶回了武汉。当得知父亲在收支局任职期间，由于一笔公款成了官场的牺牲品，倾家荡产的他没有勇气再活下去，于是抛下妻子和子女们选择自沉长江。父亲死后，吴家便失去了最重要的生活支柱，吴贻芳和姐姐也不得不辍学在家。在二姨父和其他亲属的帮助下，辛亥革命之后，吴贻芳全家搬到上海，日常生活完全靠亲戚接济。此时，全家人便将希望寄托到在清华学堂求学的长子吴贻榘身上。谁知吴贻榘性格懦弱，在辛亥革命爆发、学校放假之际，他竟因为过度悲伤选择了和父亲一样的死法：跳江自杀！此时吴贻芳的母亲经受不住丈夫和儿子相继离世的沉重打击，将家人托付给吴贻芳的二姨后，也离开了人世。在为母亲守灵的当天夜晚，与吴贻芳朝夕相处的姐姐吴贻芬，竟也用悬梁自尽的方式结束了生命。而这一年，吴贻芳仅仅 19 岁。

面对亲人的相继离世，精神恍惚的吴怡芳也没有了继续活下去的勇气，她似乎总能看到亲人在不远处微笑着等待自己。当二姨父发现吴贻芳精神持续恍惚之后，便将她叫到身边，嘱咐她家里发生了这么多不幸的事，每个人都很痛苦，但不要胡思乱想，更不能选择自杀，因为自杀是对亲人极不负责任的表现，还告诉她要勇敢地承担责任。随后，二姨父又将吴家老小接到自己家中，不仅叮嘱妻子在生活上多加照顾她们，还要留意观察她们在精神上的变化。为了疏导吴贻芳的悲伤情绪，二姨经常用一些身处险境的历史名人的故事来激励她。1913 年 2 月，在二姨父的全力资助下，吴贻芳来到杭州弘道女子学堂四年级学习。第二年，二姨父到北京就职，吴贻芳和祖母、妹妹也一块北迁。

自古英雄多磨难，吴贻芳所遭遇的惨痛人生经历也将她的品质铸就得异常坚韧与高贵。1916 年 6 月，吴贻芳成为金陵女子大学第一届毕业生。大学毕业后的她，被推荐到北京女子高等师范学校工作。1922 年，她以优异的成绩获得了奖学金，并被派往美国继续深造。在美国留学期间，她成功当选为中国基督教学生会会长、留美中国学生会副会长等职，成为具有号召力的学生意见领袖。1927年，吴贻芳接受了金陵女子大学校长职位的聘请后，便根据学校董事会的要求，来到美国，参观考察了一些著名的女子大学，还千方百计地宣传和介绍金陵女子大学。通过自己的努力，她顺利获得了博士学位，回国就职。经过十几年的拼搏，吴贻芳凭借坚韧的性格，将生活带给她一次又一次的磨砺和打击孕育成一颗异常璀璨的明珠！

2. 中国第一位女博士校长

1928年11月，金陵女子大学校中心的小礼堂宾客云集，有蒋介石的夫人宋美龄、教育部派出的代表孟寿椿，还有来自南京、上海等地的大学校长。而主席台上的两位女士最引人注目：一位是身材高大、金发碧眼的金陵大学首任校长美国人德本康夫人。另外一位则是个年轻女士，她举止从容，表情娴静，一件纯色棉布旗袍以及一副黑色圆框眼镜将她儒雅的气质充分地显现出来，她就是吴贻芳。或许一些人还不甚了解，只知道吴贻芳是金陵女子大学第一届毕业生，或许还不知道这位刚从美国获得博士学位的人，即将成为金陵女子大学第一位中国籍校长。

主持会议的是金陵女子大学董事会主席徐亦蓁女士，她首先对参加新校长就职典礼的嘉宾和前校长德本康夫人在创建金陵女子大学上取得的功绩表示感谢，随后便代表校董会欢迎吴贻芳出任新校长一职。接下来，德本康夫人发表了讲话，并将学校办公室的印章交到徐亦蓁手中，徐亦蓁介绍完吴贻芳的简历之后，将印章交给吴贻芳。随后，孟寿椿代表教育部致贺词。在热烈的掌声中，宋美龄讲话，她对金陵女子大学的创立表示了肯定，同时还强调了中国妇女应该为国家承担教育责任。在她看来，如果中国越来越多的妇女尽自身所能去服务国家，那么中国的崛起也就指日可待了。

最后由吴贻芳致辞。由于多年来留美的缘故，汉语已经有一段时间没说了，她站在如此重要的发言席上，台下的人也将目光集中在她一个人身上，她担心自己会有辱使命。实际上，她的担心是多余的，因为台下的人期待的是一个朴实而真诚的人，而不是一个只懂得哗众取宠的人。在接下来的讲话中，她说出了自己刚从美国完成学业，还没有校务管理经验的短板，以及为金陵大学乃至中国教育事业发展鞠躬尽瘁的决心。

在当晚的宴会上，一些金陵女子学校的校友向新校长吴贻芳赠送了金陵校旗、校徽等物，吴贻芳也表示绝不会辜负众人的期盼。不久之后在就职典礼上，吴贻芳身着纯色旗袍，盘着乌黑的发髻以及戴着黑色圆框眼镜，成为她最经典的形象。

一些人或许会提出疑问：金陵女子大学为什么是美国人创办的？德本康夫人为什么要卸任校长一职？吴贻芳为什么能继任校长呢？想要回答这些问题，还要追溯至辛亥革命前后的历史。1912 年年初，上海、浙江、江苏一带 8 个美国传教会的教会女中校长在上海商讨如何解决教会女中师资短缺以及毕业生继续深造的问题。通过商讨，她们得出一致的意见：决定在长江流域组建一所女子大学。1913 年，8 所教会组成了校董事会，德本康夫人凭借较高声誉被推选为新女子大学的校长，并将学校校址定在古都南京。1914 年 11 月，德本康夫人开始着手筹备金陵女子大学。第二年，德本康夫人将租赁李鸿章小儿子的一处住宅建成临时校舍，同年 9 月正式开学，并接收了 11 名新生。从金陵女子大学的创办以及招生的时间来看，都要晚于华北协和女子大学以及华南女子文理学院。但如果从它们之后产生的影响和声誉来看，金陵女子大学各方面都位列第一。

1916 年 2 月，吴贻芳来到女子大学，比其他同学都落后了一个学期。在这种情况下，她利用课余时间努力读书，由于当时功课补考成绩优异，顺利地转为正式生。当时很多人对她的评价都是，端庄朴实、性格沉静刚强。吴贻芳本人也十分珍惜时间，并严格要求自己。一般情况下，她不会主动发言，但一旦发了言，思路永远是最清晰的，语言也是最富有魅力的。她的表现也得到德本康夫人等人的表扬。就这样，吴贻芳在学校里获得了大多数人的认可，也得到徐亦蓁的友谊，两人也因此成为思想统一、有共同追求的挚友。

1916年，金陵女子大学将校址永远定在南京。德本康夫人在1918年的植树节上，带领全校师生植树，寓意是希望金陵女子大学能像小树那样快速地成长起来。1919年6月，德本康夫人和当时著名的建筑师亨利·K.墨菲先生亲自为新校舍打桩。1923年7月，经墨菲设计的6栋四合院状的新校舍落成。但此时的校长德本康夫人却高兴不起来，因为她即将结束在女子大学的任期。

五四运动爆发之后，民族意识被唤醒。随后在全国各地也出现了收回教育权的运动，一时间，很多学生纷纷从教会学校退学。1927年3月，南京被北伐军攻占，各国联军用军舰炮击南京，造成数千名中国民众伤亡。此时的国民革命军枪杀了时任金陵女子大学副校长一职的西方传教士文怀恩。一时间，南京城陷入一片恐慌之中。同年5月，校长德本康夫人和一些外籍教员提出了辞职申请，她们更希望让一位中国人主持女子大学。在这个背景之下，女子大学第一届毕业生徐亦蓁被推选为学校董事会主席。但她上任之后立即表示，新校长一职的最佳人选非吴贻芳莫属。而此时的吴贻芳正在美国攻读博士学位，并进入写论文的阶段。按照吴贻芳的预想，毕业后想回国在母校做一名生物学老师，但却没有想过当校长。

与徐亦蓁一同推荐吴贻芳出任女子大学校长一职的还有吴贻芳的恩师黎富思。早年毕业于美国密执安大学的黎富思，获得了生物学博士学位。她在1917年就来到女子大学任生物系主任一职。为了促成得意弟子吴贻芳出任校长一事，她错过了办理25万美元遗产的法律手续，但她对此却没有一丝抱怨和遗憾。当她得知吴贻芳出任校长的消息后，喜极而泣！两个人之所以都力荐吴贻芳出任校长，是因为她们对吴贻芳的个人品质以及能力再清楚不过了。

3. 着手实施改革

吴贻芳主持女子大学校政后，中国政府便开展了收回教育权的运动。金陵女子大学作为设在中国管辖地上的一所教会学校，要向中国政府注册备案。吴贻芳经过多方的奔走和努力，于 1930 年 12 月，将金陵女子大学正式改名为金陵女子文理学院，她本人就任该院院长一职。博学多才的她以充沛的精力和严谨的治学作风，主持金陵女子文理学院的校政，并着手做出以下这些方面的改革：

（1）对女子大学招生制度进行改革。吴贻芳接任时的女子大学，已经算得上是一所具有贵族气质的高等学府。该校的学生来源，大多是信教家庭以及教会女子中学。这些学生的家世也比较富裕，有资本家、政府官员等。而那时的女子大学各项学习费用也比较高，食宿条件自然是一流的。因此只有那些家境殷实的富家大小姐才有机会到该校学习。吴贻芳早就意识到这个问题，在她看来，这无疑限制了生源。这样既容易引起外界的质疑与误解，认为这是一所“不亲民”的贵族学校，还不利于形成良好的学术氛围。因此，吴贻芳把招生范围扩大至普通公立学校、私立中学等，这样做无疑扩大了学生来源。但还存在一些问题，那就是普通老百姓连基本的温饱问题还没有解决，根本就无力供养子女读书，更不用说让被社会轻视的女孩读书了。对此，吴贻芳改变了以往的做法，采取用考试成绩好坏作为录取标准的方法，即无论家庭出身如何，来自于何地，只要考试成绩能达到标准，都一视同仁，都有机会到女子大学读书。

（2）在学生管理上进行改革。吴贻芳时刻关心并理解着学生。对于一些家庭生活困难、自身经济又难以维持学业的学生，吴贻芳向她们提供助学金，帮助她们顺利完成学业。此外，对于在校园里发生恋爱关系的学生，吴贻芳认为最好的方法是疏导而不是杜绝。为此，她专门选择了一处闲置的会议室，隔成很多半封闭的小间，在一定时间内允许一些男女朋友相互谈心，这样的做法深受学生欢迎。她尊重学生的个人意愿，对于学生们的来信，她总是会亲自阅读并回复。而对于那些已经毕业走出校门的学生，吴贻芳也关怀有加，甚至会到学生们工作的地方关心她们工作或生活中遇到的问题，并帮其解决问题。

（3）在系科设置方面的改革。吴贻芳根据中国教育事业的发展以及学校培养目标的变化，及时地对系科进行调整，还不断增加一些新的学科。女子学校从创立之初略显单一的文理科，发展为文学院和理学院。文学院设立的学科有：中国文学系、外国语言文学系、历史系、社会系、音乐系、体育系；而理学院设立的学科有：生物系、化学系、数学系、地理系、家政系等。此外，为了适应一些学生毕业之后从事教育工作的需要，吴贻芳规定，一年级新生的课程，全部是必修课，而4年大学期间的必修课程，除了主修专业课程之外，还应该辅修中文、历史、心理学等课程。此外，还规定，文科学生必须要选修一定学分的理科课程，而理科学生也要选修文科课程。这样做的目的是不仅拓宽学生们的知识面，让她们学会更扎实的基础知识，无疑还增强了她们的社会适应性。

（4）加强学生实际能力的培养。和其他学校不同的是，女子大学的教师在授课时从来不用课本。教师在课堂上讲课，会要求学生认真做好笔记。课后还让学生多阅读参考书。因此，很多学生进入女子学校时，首先就要弄清楚校图书馆在哪，里面有什么书，自己需要的书摆在什么位置上。课后，也经常会看到学生们在图书馆里认真地写报告、做笔记，以便能跟得上老师的教学节拍和进度。此外，学校还注重培养学生的实践能力，经常会举行一些具有实际意义的社会调查或学科研究活动。学生们不仅会亲自参与到这些活动中去，还会把自己的实践心得记录下来。

（5）对教学条件上的改革。女子大学实行导师制，并设有顾问。按照导师制的规定，每一个在校生可以选择一位教师当自己的导师，一位导师带10个左右的学生，通过用小组活动或者其他方式，为学生解决在学习上、生活上出现的问题。为了提升女子大学的教学质量，吴贻芳采用了全方位出击的方法。在课堂的授课中，她聘请到在某个学科领域最好的老师，用最权威的教材以及最科学的教学方法，向学生们传授知识。在图书资料方面，吴贻芳不断从国外购入中西文图书，并接受外界的赠书，使图书馆的藏书量不断增多，也满足了学生们的阅读需求。而在教学科研仪器设备上，她不惜重金买来新的仪器，并从国外购置一批先进的科研设备，让学生在短时间内接触到最先进的技术和设备。女子大学在吴贻芳的主持下，教学条件迅速提高。同时，女子大学在学生课余活动、起居饮食方面也做得比较出色。学校的住宿条件和伙食也是当时高校中数一数二的。学生们的课余活动开展得也比较丰富，学生们能从学校开展的课余活动中体会到乐趣。

4. 吴贻芳的人格教育

金陵女子大学作为一所教会大学，它的创办宗旨就是为了培养为基督服务的妇女领袖。前任校长德本康夫人在吴贻芳就职典礼上，曾重申："信、望、爱乃金女大之办学根基，金女大是以基督的爱来办学，以基督的精神来维持。这种爱植根在神的爱里，由耶稣基督彰显出来。"在她看来，金陵女子大学要培养出以耶稣基督为榜样灵性与人格的学生。

1918 年，吴贻芳在挚友徐亦蓁的陪同下来到上海。此时的她在基督教堂里接受了精神的洗礼，也成为一名虔诚的基督徒。第二年，金陵女子大学通过讨论决定，将"厚生"作为校训。"厚生"的内涵和《圣经》不谋而合："我来了，是要叫人得生命，并且得的更丰盛。""我来不是要人服侍，而是要服侍人。"女子学校之所以选择用"厚生"作为校训，目的是要告诉学生：人活着的目的，不是为了自己而活，很多时候需要用自己的智慧和能力帮助别人，贡献社会。这不仅让别人得益，也能让自己的生命价值释放光彩。吴贻芳对"厚生"的理念非常认同，她之所以成为虔诚的基督徒，就是受基督徒开展活动的影响和感动，并发自内心地将其实践在日常生活中。

但身为一名中国大学校长，吴贻芳也懂得淡化宗教教育。她在就职演讲时便表明："金女大开办的目的是应光复后时势的需要，造就女界领袖，为社会之用。现在办学，就是培养人才，从事于中国的各种工作……学校于国学科学同时并重，既培养了中国学者的思想，又能得到科学家的方法，然后到社会上去，才能应各种的新需要，运用自己的所学，贡献给各种工作。"于是她从当校长的第一天起，便着手对金陵女子大学的校务进行调整和改革，让女子大学得以更好地往前发展。在前任校长德本康夫人在职期间，规定学生必须要选修一门宗教课，并参加每天20分钟的早祷。吴贻芳上任后对此做了调整：宗教课改为选修课，学生也可以自由选择是否参加早祷，保留的宗教课放在哲学系里，信教的老师不能为难不信教的学生。此外，吴贻芳在演讲中还增加了以基督人格和精神为要求的内容，不止一次地向学生强调要有为别人、为社会的奉献精神。

和宗教教育相比，吴贻芳更多强调的是人格教育，她也因此将培养学生健全的人格作为金陵女子大学的办学使命。她曾经说过："人格教育的实现，因习惯贵在'慎之于微'，而学校尤当注重慎微的陶冶，方能使整个的人生有良好的发展""要使学生能够人格完全与否，全在教职员方面平时所与以耳濡目染的模范之良否"，学校教育"确非单独注意于课本上的接受，是在司教职者能在他们整个生活中时时表现基督的真精神，以熏学子"。吴贻芳主持校务之后，更是以身作则，小到日常的言谈举止，大到国家使命，都以自身的行动给学生们树立良好的榜样。1931年"九一八"事变后，她首先带头将自己的日货交出来，并销毁；1934年倡导的新生活运动中，她也提出坚持从自身做起，从小事做起，保持外观整齐安静的倡议；1939年，日军对成都进行猛烈的轰炸，吴贻芳组织学生日夜救护、看护伤员；抗战期间，吴贻芳以忘我的精神加入到妇女和儿童的保育工作中去；1945年，她参加了在旧金山召开的联合国制宪大会，万众瞩目的她成为中国历史上第一位在《联合国宪章》上签名的女性。

5. 桃李满天下的“999 朵玫瑰”

相信很多人难以想象，吴贻芳这样一位气质优雅、谈吐得体的大学校长，竟然选择终身未婚。她用对教育的火热之情将女子大学当成自己的家，把学生看成是自己的孩子。从 1915 年女子大学首次招生开始到 1951 年，金陵女子大学在 36 年里先后培养了 999 名学生，也因此有了“999 朵玫瑰”之称。在中国女性高级知识分子的人群中，“999 朵玫瑰”占有一定的比例。在教育领域、科技领域等都取得过傲人的成绩。比如，女子大学第一届毕业生徐亦蓁在妇女教育事业以及慈善事业方面都颇具影响力，1946 年她被联合国妇女地位委员会选为中国代表；第三届女子大学毕业生严彩韵，为母校捐赠了一所小医院，而她的名字也进入《世界知识分子名人录》中；1925 届的刘恩兰是中国第一位女海洋家也是第一位自然物理学家；1926 届的鲁桂珍协助英国近代生物化学家李约瑟完成《中国科学技术史》，并与其结婚；1930 届的何怡贞投身于金属玻璃研究之中，并获得中科院科技进步二等奖的殊荣；1930 届的徐秀英通过对教育事业的热爱在台北创办了金陵女中，使之在台湾地区留下芳名；1932 届的刘家琦在眼科领域有非常高的成就；1941 届的熊菊贞在国际病毒医学界享有很高的声誉；1947 届的郑小瑛是中国第一位女音乐指挥家；1950 届的孙家馨成为女高音歌唱家……

让人欣慰的是，金陵女子大学师生一直维系着亲人般的情谊和友谊。无论她们毕业之后去了哪里、从事什么工作，母校始终是最让她们惦念的地方，因为她们将女子大学视为精神之家，将校长视为精神教母。女子大学除了一年一度的学刊外，从1933年开始又增设了中英双语的月刊，有时半月一期，有时一月一期。这些刊物成为发表学生作品、凝聚校友的纽带。当然，校友们对校长吴贻芳的慈爱与宽容、公正与平等、无私与奉献等优秀品质的记忆，则是任何文字都无法表达的，这些只能如春风一样，滋润并净化着她们的灵魂。

1933届校友、爱国将领张治中的女儿张素我，每当谈到吴贻芳，她都会激动不已。在她看来，吴校长倾注了对学生的爱，在校园里能和学生打成一片。每当有新生入学，她都会来到新生宿舍查看，询问学生生活上和学习上是否有困难，并予以解决。1935年夏，张素我被派往英国公费留学，吴贻芳闻讯后，立即为她安排行程，这一点让张素我记忆深刻。

1935届的校友慕淑勤回忆当年自己主修音乐的情景，按照学校的规定，学生毕业前要举办音乐会。但她没有足够的勇气办音乐会，而她的音乐老师答应了她可以不办音乐会的请求。当吴贻芳得知这个消息后，找到慕淑勤，告诉她应该按照学校的规定做。由于慕淑勤不想举办音乐会，便撕掉学校布告栏上贴出的请帖。吴贻芳批评过后告诉她，会帮其做好宣传，不仅要邀请音乐系的高年级同学，还会邀请她的中学校长、音乐老师等人。音乐会如期举行。当慕淑勤走上舞台之后，她吃惊地发现校长吴贻芳也出席了。演出顺利结束之后，吴贻芳细心地拿着一个花篮对她表示了祝贺。这个场景让慕淑勤终生难忘。

同是1935届的校友方颖对校长吴贻芳主动和自己打招呼的情景历历在目。这一天她在去图书馆的路上，对面遇到校长吴贻芳。还没等她打招呼，吴贻芳便微笑着喊出她的名字，并询问她生活上是否习惯。当时的她十分惊诧，因为自己刚入学不到一个月，吴贻芳就能了解自己的情况。14年之后，当她回到母校时，竟然又在图书馆遇到吴贻芳。两个人的目光碰在一起，吴贻芳虽然愣了一会，但还是很快喊出她的名字，之后又问她工作上的情况。吴贻芳身为一校之长，竟然能清楚地喊出学生的名字，实在令人感动，每次回忆起这些场景时，方颖都会流下感动的眼泪。

1944届校友梅若兰在评价吴贻芳时总会用“节俭”二字。吴贻芳几十年都住在一间仅有15平方米的房间内，平日里从不讲究吃喝。除了出席一些重要的活动需要穿件像样的衣服外，平日里大多是布衣布衫。学校董事会想给她配一辆小汽车，但她只要一辆黄包车。在工资方面，吴贻芳每个月都会把工资用在接济亲友、补贴师生上。因为她想让自己成为一位平易近人并让人感觉到温暖的人。1985年11月，吴贻芳安详地走完了93年的人生历程。从1949年以后，吴怡芳先后担任江苏省教育厅厅长、全国妇联副主席、南京师范大学名誉校长等职务。1979年，她被美国密执安大学授予“和平与智慧女神奖”。

金陵女子大学校友在校长吴贻芳的精神的感召下，涉足不同行业，并成为行业中的翘楚。这不仅是“999朵玫瑰”感恩校长的一种方式，还是将吴贻芳精神发扬光大最真实、最有利的时代见证。

6.《联合国宪章》上签字的第一位女性

1937年卢沟桥事变后，抗战形势也变得严峻。吴贻芳为了更好地支援抗战，先后在“妇指会”担任执行委员以及在国民党方面当参政员，为推动国统区妇女的团结抗日起到了积极的作用。1938年，邓颖超等人成立了“战时儿童保育会”，吴贻芳出任常务理事一职。此时的她做了很多关于战时流浪儿童安抚与收养等方面的工作。她的社会活动能力得到各方面的关注和认可。1943年，吴贻芳前往美国，借助于她在国内外的声誉，开始在美国宣传抗战，不仅让美国社会听到了有关中国的现状，还对中国人民抵抗侵略者的决心表示敬佩。不仅如此，吴贻芳还千方百计地争取到美国政府的支持，时任美国总统罗斯福还接待了她，并被她的精神特质所感染，称赞她为“智慧女神”。

1945年，美国、英国以及苏联的元首举行了会议，讨论如何处置战后德国的问题。三国元首共同签订的《雅尔塔协议》决定，于4月25日在美国召开联合国大会。当时的国民党政府派出了由宋子文率领的代表团，而吴贻芳也成为其中唯一的一名女性代表。在临行时的欢送会上，吴贻芳明确表示说：“我对于和平有一希望，就是觉得第一次的国际联盟太重理想，此次第二次的世界和平的建立当靠武力；但最高理想是民族互相谅解，即所谓世界大同。两次大战中，由于血泪的经验，我们知道精神与道德是不可忽略的，不再使武力胜于正义，我们要维护世界永久的和平。”

1945年4月25日，美国旧金山的联合国大会如期举行。来自数十个国家的数百名代表共同讨论《联合国宪章》。在一次讨论中，中国派出的代表吴贻芳走上主席台，发表了即席讲话。台下的听众都在认真地听着这位侃侃而谈的中国女性。吴贻芳的精彩讲话赢得了热烈的掌声，并代表中国政府在《联合国宪章》上签字，也因此成为中国第一位在《联合国宪章》上签字的女性。

随着吴贻芳的声誉越来越高，她也被笼罩上更多的政治光环。国民政府曾不止一次地邀请她担任教育部部长一职，但都遭到她的拒绝。抗战结束后，司徒雷登推荐她担任国民政府教育部部长一职，蒋介石甚至派宋美龄劝她任职，但吴贻芳干脆地回答："不会做。"1949 年，蒋介石下野之后，吴贻芳再次接到张治中的邀请，但她再次拒绝。因为在吴贻芳看来，国民政府存在的尔虞我诈让她心生厌恶。其实，早期的吴贻芳将中国教育事业寄托于国民党。然而，南京在 1946 年发生的"下关惨案"，激起了包括吴贻芳在内的各界人士的愤怒。吴贻芳明确表示一切应该用谈判的方式来解决问题，而不是粗暴地施加暴力。正当一些国民党人士想对她进行批评时，同年 11 月，吴贻芳辞去了国民党主席团候选人，她的这一举动深得各界人士的赞赏。而一年之后国民党镇压学生事件，再一次激起了吴贻芳的愤怒之情，她向蒋介石提出，严惩镇压学生的警察局局长。

当国共和谈计划破裂之后，南京城炮声不断。此时，有人就主张将金陵女子大学从南京迁到台湾，但遭到吴贻芳的反对。她甚至拒绝了蒋氏家族为她提供的赴台机票，积极地投身于南京的治安维持工作中去。

第八章

“川大旗手”任鸿隽：传播科学，主张“革命救国”

任鸿隽谈大学精神：

“要培养生活的力量，第一要各个分子的健全。若是大学教育还有它的目的与意义的话，培养社会上健全与有用的分子，就是它的最高的目的与意义。你在大学毕业之后，可以做一个医生，一个律师，一个工程师，但你是不是一个社会的健全分子，还得待考。”

“大学生四年毕业，并非教育的终了，乃是教育的开始。”

无论是四川大学，还是整个中国教育界，任鸿隽都是一个不得不提的人物。他率先提出要将四川大学创办成西南文化中心以及国内一流大学，志存高远。这一目标的确立，为四川大学未来的发展指明方向，意义深远。

1935 年出任四川大学校长的任鸿隽，拟定了一份改建四川大学的计划。这些计划包括兴建图书馆、实验室、礼堂、学生宿舍、体育馆等。还对学风和教师的选聘进行了大力整顿。经过多方面的努力，有了充足的资金保障。正当任鸿隽将四川大学建成闻名全国的高等学府时，却发生了一件始料未及的事情。任鸿隽的夫人陈衡哲在《独立评论》上发表了抨击四川军政当局的言论，致使任鸿隽受到军政高官的恶意中伤。在各种压力之下，任鸿隽被迫辞去了校长职务。任鸿隽对教育事业的开拓精神以及淡泊名利的学者风范，至今都是令四川大学学子骄傲的精神财富。以人为本，努力追求卓越，敢于为科学献身已经成为四川大学谋求发展的力量源泉和精神支撑。而任鸿隽本人也为四川大学的发展、为中国的教育事业留下异常光辉的一页。

人物小传

任鸿隽（1886—1961），字叔永，出生于四川垫江（今归属重庆）。著名教育家，近代科学的奠基人之一。1904 年科举考试中便中了秀才。1918 年回国后的任鸿隽，先后担任过北京大学教授、教育司司长、商务印书馆编辑、东南大学副校长以及中华教育文化基金董事会干事等职务。1935 年担任四川大学校长。

1. 绝不雷同的教育主张

任鸿隽，字叔永，出生于四川垫江（今归属重庆）。从小就勤奋好学，在1904年科举考试中中了秀才。科举制度被废除之后，他到上海进入中国公学深造。当时的中国公学是由留日学生创办的，其中不乏革命党人。来到学校之后，任鸿隽很快便结识了胡适、朱经农等人，并与之建立起深厚的友谊。之后他又到日本留学，加入了同盟会，还被选举为四川分会会长一职。

任鸿隽是在辛亥革命爆发之后回国的，在此期间担任孙中山秘书处秘书一职，主要负责为总统府起草文稿并协助孙中山处理日常政务。袁世凯上台之后，他去了北京当秘书，由于他从内心反感官场生活，加之一心想继续学业，于是赴美留学。到了美国之后，他来到美国奈尔大学文理学院。异国求学的他，深刻地感受到两种不同社会制度的区别，同时还认识到科学的真谛。他对科学的理解和教育紧密相关。为此，他从不同角度阐释了自己的观点。

第一，科学的起源。很多人都认为，进入学校学习科学知识最终是为了振兴国家、报效祖国。但任鸿隽对此有不同的见解。他认为，虽然近代中国落后的原因与缺失科学有关，但不能将科学与这种带有功利性的目的贴合在一起。因为真正的学者或科学家，并不是受名和利的驱使，而是出于自身对科学探索的好奇心。比如，西方著名的科学家哥白尼和伽利略等人就是如此。这或许也是科学首先在西方兴起的一个原因。反过来说，如果在探求科学的时候，不是出于内心求知的需要，而仅仅是为了达到某种名利目的，那么就很难产生真正的科学。任鸿隽就是想提醒人们：如果仅仅将科学视为一种改善生活的工具或者是国家富强的手段，而不知道科学的起源与真谛，那么只能像洋务派发起的运动一样，最终陷入舍本逐末的尴尬中去。基于这样的理解，任鸿隽认为自己当年为了革命而选择的化学专业也是极其错误的行为。也就是说，如果教育没有将学生的求知欲望与好奇心培养起来，学生缺少科学研究的动力，这样的教育必将是失败的。

第二，科学精神。在任鸿隽看来，科学精神是一种为了追求真理敢于舍生取义、赴汤蹈火的精神。竺可桢也将科学精神概括为“只问是非，不计利害”。也就是在对待科学的态度上应该是不盲从、不武断、不蛮横、不无病呻吟。而这也是教育上最缺乏的东西。

第三，科学的功用。自古以来，很多人习惯将学科学、学技术当成是一种日后捞取功名的“敲门砖”，至于到底是不是个人的兴趣爱好，特别是最为关键的好奇心和求知欲，却不屑一顾。任鸿隽将其看成是“为利而学”。这也是当时中国教育科学事业发展缓慢，甚至是停滞不前的一个重要原因。不仅如此，任鸿隽反对将科学和技术混为一谈。他强调，物质生活的改善以及科学技术的进步，并不是科学家最初的动机，而是科学研究必然会出现的结果。假如一味地强调技术而不注重科学，就会重新走洋务运动的老路。他因此也告诫一些人：不要总是指望着面包而生活，除了物质之外如果没有精神活动，那么人生将失去意义。

第四，科学与教育。任鸿隽对教育的问题一直非常关注，他认为学生如果学习自己不感兴趣的专业或课程，将会非常痛苦。任鸿隽赞成这样的观点，即学生选择某个专业并不是为了如何谋生，而是因为他确实喜欢这个专业。换言之，学生们想要学业有成，必须能热爱他所选择的专业和课程。任鸿隽强调，学生获得硕士或博士学位算不上真正有学问，只有经过一段时期的努力，才能变成真正的学者。他认为教师最重要的职责不是一味地向学生传授知识，而是应该培养起学生的学习兴趣，让他们懂得科学研究的目的在于精神上的满足。这是一种高尚且能激发学生潜在能力的行为，学生们只有明白这个道理，并养成良好的习惯，才可以对社会做出贡献。他还指出，真正的科学就应该是独立的，是不能依附于任何主义或任何政治因素的，将科学和物质文明的概念混为一谈，都是没能理解科学的真谛。

第五，教育与独立。1932年，任鸿隽在文章中说："一个理想中有教育的人，在智慧方面，至少的限度，必须对事理有正确圆满的了解，对于行事有独立自信的精神。要养成这样的人格，第一需要的是智识上的好奇心。有了智识上的好奇心，方能对于各种的问题或事务，加以独立的研究。

2. 开风气之先，极一时之选

国立四川大学正式成立之后，四川省政府整理大学委员会对其行使日常的校务管理。1932 年，国民政府在张澜的推荐下，任命王兆荣为四川大学的首任校长。王兆荣来到四川大学后，虽然做了很多努力，但经费不足成为他心头最大的难题。心力交瘁的他于 1935 年辞职。他辞职没多久，任鸿隽就得到国民政府的任命，接任四川大学校长。9 月初，任鸿隽接到任命，随后便着手处理校务问题。

其实早在 1928 年，国民政府就让任鸿隽出任四川省教育厅厅长一职，但他没有就任。1931 年，任鸿隽考察了成都大学，希望四川能尽快发展教育，并跟上世界文化潮流。而出任四川大学校长，对于他来说，好比是实现他科学救国之梦的开始。当时四川在蒋介石的幕后策划以及刘湘的主持下，取消了此前的防区制，决定中央负责其军费的拨付，这样学校的经费也有了保证。因此在 1935 年 5 月的一次记者见面会上，任鸿隽说："国立四川大学在西南方面极为重要，彻底整顿，数年来即有此计划，亦实有此必要。唯以往四川政局不定，整顿计划殊难实现。现在，防区制打破，整顿川大计划乃趋于实现。"

任鸿隽能主持四川大学，得到了很多人的支持。在这些人看来，他在学术界中的地位和名望都非常高，是个能对四川教育事业做出贡献的人才。选择让他主持四川大学，不仅会给四川文化带来重大转机，还能造福于中国教育事业。

任鸿隽在上任之后便提出了四川大学发展的两大目标以及三大使命。按照他的想法，两大目标就是要让四川大学实现“现代化”与“国立化”。而三大使命是将世界知识引入四川大学、建设并壮大西南文化中心、担负民主教育事业复兴的使命。其目的就是为了将四川大学办成一所规模宏大、师资力量雄厚、在国内具有领先地位的综合性大学。

与此同时，他为了减轻学生们的负担，把学费从 20 元降为 12 元。当时很多媒体都认为，任鸿隽的到来能为四川大学注入一股清风。上任之后的他也认为大学办得好不好不是看教学大楼有多气派，而是要看有没有掌握真才实学的学术大师。因此他将人才的招聘视为发展的头等大事。他通过一段时期的观察发现教师队伍存在一些问题：第一个问题就是四川籍的教授过多，有近亲繁殖的倾向；第二个问题是一些教授在授课过程中思想过于陈旧保守。鉴于这些问题，任鸿隽宣布重新对教授进行聘用，而没有得到聘书的人只能另谋出路。

1936 年 9 月，任鸿隽在四川大学开学典礼上告诉每个人，经过一段时期的努力，四川大学发生着改变，主要表现在三个方面：

第一个方面，学生人数得到快速增长，从原来不足 400 人增加至 600 多人。在这些新生中，外省学生占有非常高的比例。这样的做法对于大家开阔视野、学生们之间交流思想、学校实现国立化有着非常重要的意义。

第二个方面，任鸿隽新聘请了一批术业有专攻的学者和教授。在这些人中，有担任过北京大学教授的哲学家张颐、研究西南民族语言的闻宥、在清华大学任过教的体育系教授黄中孚、著名生物学家钱崇澍、光学专家张宗蠡、心理学专家刘绍禹、法学专家刘雅声、教育学家张敷荣、化学专家王季梁……这些人来校执教之后，一时间也让四川大学的教师阵容蔚为壮观。

第三个方面，校舍和教学方面的改善。任鸿隽针对校舍改善问题拟定了一个 3 年计划，并呈报中央和地方政府，要求每年由财政拨付 30 万元，先修建一座大型的图书馆，然后在原校址的基础上改造大学城。虽然建设经费问题任鸿隽还在与中央政府商讨，但此时校舍改造计划已经准备就绪，马上就能动工建设。1937年4月，再三权衡的任鸿隽决定将校址定在望江楼附近。随后，新校舍便开工建设。在教学方面，任鸿隽强调大学课程标准应该注重以下两个原则：第一个就是要打好基础，即学生在一、二年级时应该先学完中国文、外国文以及普通科学，学生在三、四年级时开始学习专门功课。第二个就是要全面培养学生自学的能力，他认为学生应该通过多读书、多做笔记等方式，养成获取知识的能力。

任鸿隽一直以来就注重理论联系实际。在他看来，学习政法的，应该让其多深入到地方去研究地方政治；学习经济学的，应该让他们调查社会的商业状况以及农村的经济等；学习农学的，应该让他们下乡去改良农田。在任鸿隽的主持之下，四川大学取得了明显进步。

以农学院为例，该院师生为了将理论和实践联系在一起，来到乡下深入田间，开展双季节水稻培育实验、研究柑橘生产周期、加大植树造林成活率等，都做出了比较显著的成绩。更重要的是，学生们通过这样的活动，不仅激发了自身的研究兴趣，还使得四川大学增强了学术气息，丰富校园生活，也让校园里营造出一种求知的氛围。从1935年到1936年两年间，四川大学新成立了很多研究会，比如史学研究会、喜剧研究会、音乐研究会、法律学会、体育研究会、农业教育学会、园艺学会、农学研究会、新闻学会、妇女问题研究会、青年问题研究会、绘画研究会等，这些学会在学术活动方面取得的成绩都是显而易见的。这也是任鸿隽眼中大学“现代化”的具体表现形式。

3.“口水战”之后的被迫辞职

任鸿隽执掌四川大学以来取得的成就有目共睹，他通过锐意革新，让四川大学各项教学事务稳步进行。鉴于此，他获得了教育部的嘉奖。正当四川大学继续向着欣欣向荣的方向发展时，一个令人震惊的消息传来——任鸿隽向教育部提交了辞职申请。一石激起千层浪，四川大学师生闻讯后，联名向教育部致电，要求挽留任鸿隽。此外，学生们也召开了大会，并致电任鸿隽，请求其继续留校主持日常事务。学生在电报中明确表示，任鸿隽自任四川大学以来校务蒸蒸日上，如果校长在这个时机选择辞职，不仅让学生们倍感失落，还会让国家失去人才。但此时的任鸿隽去意已决，教育部部长王世杰也同意了他的辞职要求。人们不禁会发出疑问：任鸿隽为何会在四川大学处在快速发展期间选择辞职，究竟是何种原因促使他选择辞职的呢？其实，他辞职的原因有很多，主要有两个。

第一个就是他所进行的改革触动了一些人的切身利益。例如，他反对把四川大学办成一个守旧、近亲繁殖的封闭性学校，于是他重新对教授进行了聘用，将一些教学方法陈旧、思想过于保守的四川籍教授辞退，这自然会招来一些人的反对。这一做法在教授中立即引起轩然大波，很多人也表示反对。虽然反对无效，但却留下了隐患。

第二个是任鸿隽夫人陈衡哲发表的文章引来一些人的攻击。陈衡哲从小接受着新式教育，是中国第一位女留学生，也是第一位用白话文写小说的女作家。1936 年 2 月，她就发表了一篇关于四川大学的见闻感受。她从不同方面对来到四川之后的印象进行了描写，比如重庆饭菜辣得难以下咽；从重庆到成都，天气都不好……这一切让她对四川的印象极差。如果说自然环境和生活习惯还能勉强适应的话，那么政治上的腐败以及文化上的落后让陈衡哲不能接受。为此她列举了不同例子说明四川的落后。比如，大街上经常可以看到有人随地大小便；一些女学生以嫁入豪门为荣，不甘心嫁入普通人家；很多人吸食鸦片，反而引以为荣。在她看来，四川之所以落后，主要原因是军阀和鸦片。只有将鸦片彻底销毁，才能改变人民的精神面貌。

陈衡哲的文章发表之后，便在社会上引起强烈的反响。当时很多报纸甚至将此作为焦点问题，反对者也连篇地发表一些攻击性文章，说陈衡哲是颠倒是非、污蔑四川人的人格。为了避免事态被扩大，任鸿隽也出面发表了文章，文章中阐述了言者无罪的道理以及对陈衡哲的出发点表示理解。

平心而论，陈衡哲所说的只是他对四川现状的表达。一些人以为她是出于对物质上的不满足而发牢骚，对此她予以回击。随着质疑声越来越多，1937年她决定离开四川回到北平。她的离开对任鸿隽的触动很大。在任鸿隽看来，妻子是抱着一腔热切的期盼来到四川，想要在此开创一番事业，但最终却落个不欢而散的结局，自然会感到失望。此外，从陈衡哲来到四川而没有退掉北平的房子来看，她并没有打算长住，因此他们的离开，就是预料之中的事情了。

4. 注重实践，培养学生的自学研究能力

在任鸿隽看来，检验一所大学的使命是否完成，没必要等到学生毕业，学校教授的方法非常重要。他极力主张日常教学要与时代相结合，注重实际应用问题的研究，想尽可能多地将学校的功课和社会发生联系。他曾说过的一句话在四川大学广为流传："学政法的，我们可以让他去研究地方政治，或县政实施；学经济的，可以让他们去调查商业状况和农村经济；学农的，可以叫他们去改良种子；学物理化学的，可以让他们调查及改良土壤工业之类。"在他的提议下，一些农学院的学生利用暑假，到各地农村进行调查。任鸿隽本人还亲自带着学生们到实习林场进行造林，并联合开办了水稻、甘蔗、柑橘、棉花等试验场。此外，他还深入到四川兵工、石油、天然气等管辖地进行调查研究。当法律系组建法律顾问处之后，四川大学学生走上街头向民众宣传和普及法律常识，还搜集发生在社会上的实际案例进行分析，这样一来，就可以学习到更多课堂之外的知识。这些社会实践活动的开展让学生们深刻地体会到书本上得不到的知识。

在四川大学日常教学方面，任鸿隽倡导启发式和大纲式教学，目的是培养学生们的自学能力。一般情况下，所有的讲义都要废除，学生们自己去寻找一些资料完成讲义，不仅减少教授课堂的授课时间，还增加了教授与学生之间的沟通。将一些用处不大、过于冗余的课程砍掉，增加了一些实用性的课程。比如学中文的学生只关注国内，不知世界格局变化，为此，任鸿隽开设了世界通史等多门课程，以便扩大学生们的视野。此外，任鸿隽还认为课程设置的标准

应该是由浅入深，循序渐进地安排课程。学生应该在一、二年级时打基础，将国文、外国文等课程学习好，三、四年级再系统地学习专业课程，不能好高骛远，否则就会一无所成。任鸿隽的这些治校方略让四川大学各方面都得到了明显的改进。任鸿隽所在的时期是四川大学成立以来的黄金时期，它也因此得到教育部专员们的好评。

5. 迁址望江，成为著名校园

目光远大的任鸿隽在1937年做出了一项重要举措，也正因为这项举措使得四川大学成为当时国内最著名的校园。他在接管四川大学时，校本部是位于市中心的老皇城一带，农学院、理学院则设在外东白塔寺与南较场，由于学院分布过于分散，使得师生们深感不便。皇城校舍作为四川大学的校本部，虽然延续了明朝时期的建筑，但经过岁月的洗礼以及战争的侵蚀，早就变得颓废不堪，校园里像样的建筑少之又少，仅有明远楼和至公堂等。而南较场的建筑也很破败，农学院里有些教室和学生宿舍还长出一些树，理学院有些房屋甚至有随时倒塌的危险，就连日常授课用的仪器教具都要放在外面。对于这样破败不堪的环境，很多参观者都颇有意见。

当时《大公报》的记者在参观完四川大学后，认为其连私立大学都赶不上；其他社会各界人士也都认为四川大学比不上其他大学。鉴于此种情况，任鸿隽决定对四川大学实施一次“大手术”，计划将位于成都市中心的皇城建造成雄踞西南的大学城。他参照德国柏林大学，草拟出校舍改造计划书，该计划书也得到蒋介石的鼎力支持。很快，任鸿隽就意识到，皇城地处地价最为昂贵的市中心，改造建设成本过大，自身地盘又相对小，很难有大规模拓展的可能性，加之周边也喧嚣，并不是最理想的学校建设用地，即使改造也不能解决四川大学本质上的问题，更不能满足学校的发展，在这种情况下，任鸿隽萌生了将学校建设在城外的想法。

任鸿隽在城外建造新校区的想法也合乎情理，城外的环境自然清静很多，便于学生们学习，更重要的是，将四川大学迁到城外，市内昂贵的地块可以出售，用这些钱足以购买城外的土地，而且还可以节省建造经费。这样的方案可以说是最具商业价值的，当时的四川省政府也支持任鸿隽的这项计划。在此后的日子里，任鸿隽带着工程师等人四处考察，足迹遍及狮子山、白塔寺、乐山、三瓦窑等地。当时的乐山距离成都非常近且因为水路交通异常便利，外省市的教授来四川大学，直接可以坐轮船就可到校。选择在乐山建造校舍，不仅依山傍水，风景秀美，适合学生读书，而且此处距离产盐区也非常近，可以方便学校化学实验室就地取材。综合对比后，任鸿隽认为将校址选在乐山是个不错的选择。但在四川省政府的建议与主张下，任鸿隽经过权衡，最后将校址选择在锦江河畔的望江楼，把皇城校区留给省政府。同时，省政府给四川大学在望江楼划拨了 130 多万平方米土地，并负责修建沿校一带的河堤和马路，加紧工期保证在新校区建成前交付使用。由于学校搬迁需要大笔的费用，省政府前期拨付 11 万元，余下的会陆续补给。

在得到土地和经费等方面的支持后，1937 年 6 月 16 日，图书馆、数理馆、化学馆破土动工。在这 3 座标志性的建筑中，尤其是图书馆，成为四川大学此后的象征性建筑。最终，四川大学将新校址定为：北至白塔寺农学院，南到白药厂，西至培根火柴厂，东起雷神庙到白药厂河边。从此，四川大学校舍从此前四分五散变成规整统一、占地面积 130 多万平方米的新校区，也成为当时国内数一数二的新校园。

第九章

交大“领路人”唐文治：弃官从教，以教育为命根

唐文治谈大学精神：

“须知吾人欲成学问，当为第一等学问；欲成事业，当为第一等事业；欲成人才，当为第一等人才。而欲成第一等学问、事业、人才，必先砥砺第一等品行。”

唐文治虽在晚清为官，但却凭借一颗赤诚之心关心着国家的教育事业。辛亥革命爆发之后，他与伍廷芳等人联合通电，要求清帝退位，而自己也率先剪去了辫子，以表示自己的决心。“九一八”事变之后，他将“世界龙战，我惧沦亡，卧薪尝胆，每饭不忘”的牌匾悬挂在食堂中，要求全体师生不忘国耻。

早年的他多次出国考察，西方教育的专业化给他留下深刻的印象。1906年他决心离开官场，选择了“不为良相，即为良师”的教育之路，并于次年出任邮传部上海高等实业学堂监督一职。任职初期，他创立了铁路和电机两个具有改革意义的工程专科，着力培养“求实学、务实业”的人才。他重视国文，“道德是基础，学问为屋宇墙垣。未筑基础的屋宇墙垣，势必在风雨飘摇中不能久固”。同时在体育方面，他开展了多项运动项目。

唐文治从封建时代的士子起步，经历晚清、民国，始终坚守着“正人心、救民命”的理念，不仅为中国教育事业的发展做出了杰出的贡献，还为国家培养了高素质、高研究能力的理工人才。

人物小传

唐文治（1865—1954），字颖侯，号蔚芝。出生于江苏太仓一个书香之家。8 岁的他便有了远大的志向，14 岁便熟读五经。16 岁那年他考中秀才，然后进入南菁书院学习。1892 年时，唐文治参加了会试，最终考中进士。1901 年，总理衙门变更为外务部之后，唐文治也顺理成章地被任命为该部榷算司主事。1903 年唐文治先到商部就职，两年之后升任商部左侍郎。1909 年，唐文治出任江苏教育总会会长一职。1913 年，唐文治主持南洋大学，随后改名为交通大学。

1. 对立国之本的思考

唐文治，字颖侯，号蔚芝。1865 年出生于江苏太仓一个书香之家。唐氏家族自始至终都注重教育，到了唐文治这一代自然也不例外。在祖父和母亲的管教下，8 岁的他便有了远大的志向，14 岁便熟读五经。可以说，唐文治比同龄人早先一步奠定了儒学根基。16 岁那年他考中秀才，然后进入到南菁书院学习。到 1892 年时，唐文治参加了会试，最终考中进士。而当时为其评卷的老师是光绪皇帝的老师翁同龢，翁同龢对他的评语是“经艺渊雅，不使才锋，策赅博”。

唐文治科举之路的成功，为他之后的发展铺平了道路。从 1892 年到 1901 年，唐文治奉命到户部就职，开始担任闲职，也正是在此期间，他得到翁同龢的邀请，到其家中坐馆教书长达 8 年时间；同时，唐文治拜当时著名学者沈曾植为师，这无疑让他的学问更渊博。受恩师沈曾植的影响，唐文治在求学路上不敢有半点怠慢。

1894 年爆发的甲午中日战争不仅对于中国是个转折点，对于年轻的唐文治来说也是其思想观念的转折点。这一年，他做出了一个惊人的举动：不顾职位的低下，向权贵写了一封万字书。书中阐明自己对时局的看法，认为晚清政府应该将改革作为头等大事。他提出的改革方案，甚至比康有为等人都提前半年左右的时间。虽然他提出的改革方案并没有被采纳，但他所表现出的才华却被世人所知。唐文治也正是因为这次事件，得到翁同龢的认可，很快便得到提拔。1901 年，总理衙门变更为外务部之后，唐文治也顺理成章地被任命为该部榷算司主事，并一直担任至1903年。唐文治在此期间，刻苦钻研，他在和蛮横无理的殖民者交锋的过程中，明显感觉到国弱必然会遭到欺负的道理，而强国之路就成为他日夜思考的问题。而接下来的两次留洋经历也将唐文治的人生轨迹彻底改变。

唐文治第一次出国是在1901年，当时他作为户部侍郎那桐的随从人员被一同派往日本，任务是就日本驻华使馆书记生杉山彬遇害一事专程到日本处理后事。显然这是一次非比寻常的外交任务。任务为时一个半月，唐文治一边为这次任务准备书面材料等，另一方面留心观察日本与中国的不同之处。由于这次外交任务的紧迫，唐文治不得不连夜赶制外交文件，由于用眼过度最终导致左眼失明。任务完成回国后，他将在日本的见闻写成《东瀛日记》，为国人更多地了解日本打开了一扇明窗。

唐文治第二次出国是在1902年，为了庆祝英王爱德华七世的加冕仪式，唐文治走访英国、法国、比利时、日本、美国等强国。这一次逗留国外的时间长达半年。唐文治在访问伦敦图书馆时发生了一件事：陪同翻译是法国人微席叶，当他看到唐文治赞叹图书馆规模之大、藏书之多时，故意用嘲讽的语气挑衅唐文治："中国素号文明上国，今先生来游是邦，见欧洲识字人多乎？抑中国识字人多乎？"唐文治立刻正色回答 ："欧洲识字人固多，然中国识字人归在躬行实践。譬如仁、义、礼、智，必有此四者，方可谓仁、义、礼、智四字。奸、邪、恶、 逆，必绝此四者，方可谓识奸、邪、恶、逆四字。我中国此等识字人固少，谅欧洲人亦不多耳！"

唐文治的回击虽然维护了民族尊严，但他内心却因此受到刺激。这次出行对于他来说非常难忘，他深刻体会到中国与西方列强之间存在的差距。3年之后，他便积极主张实行管制改革以及效仿西方实行君主立宪。辛亥革命之后，唐文治针对时局又发表了自己的见解。作为一介士大夫能有这种精神，不能不说是两次留洋对他产生了影响。

最为重要的是，唐文治通过留洋考察访问，开始深刻思考中国的出路问题。他很快便融入20世纪初期中国新知识阶层普遍存在的看法中，即认为世界纷争主要有：兵战、商战、学战。而兵战和商战又是以学战为基础的。尤其是他亲历西方发达国家后，对这些国家教育的普及化以及专业化记忆犹新。他在《英轺日记》中对西方各国教育情况的描写也占了相当大一部分。从中也可以看出，唐文治认识到教育才是真正的立国立本，而这样的思想为他日后投身于教育事业做好了铺垫。

2. 结缘南洋大学

1903年唐文治归国，他首先到商部就职，两年之后升任商部左侍郎。1906年9月中旬，商部变更为农工商部。由于尚书载振奉奉命到东北查办事务，因此唐文治暂时行使了他的权利。至此，唐文治的宦海生涯也达到巅峰。唐文治在这4年时间里，熟读西方各国的典制，从中进行了参考借鉴，拟定了《商部章程》。随后又协助伍廷芳编写《商律》，目的是想通过制定《商律》，创立商业，以便在中国实施经济改革。可以说，唐文治在商部就职期间，在促进民族经济进步以及实业发展方面做出的贡献无人可及，为此他还受到清帝的多次召见，并屡获嘉奖。让人遗憾的是，虽然唐文治心系发展，一心为国，但当时的满清官场腐败无能，根本没有动力去进行改革，这让唐文治的种种改革计划遭到搁浅。加之袁世凯称帝之后，唐文治对权贵的控诉，最终让他对清末政治丧失信心与希望。于是在1906年年底，在安葬好去世的母亲后，唐文治选择离开农工商部，从此离开官场，诀别政坛。当年的他决定将精力投向教育事业。

其实早在甲午战争期间，唐文治就在留心着教育发展，通过和西方等国家在教育事业上的对比，唐文治明显发现中国的落后，意识到中国如果仅仅死守着儒家学术传统将会对国力发展不利。通过两次留洋的所见所闻，唐文治认为国家应该鼓励工商业发展，并设立学堂，培养工商业的人才和领袖。此后，他以满腔热情参与创立京师高等职业学堂以及保护湖南明德中学等活动。1909年，唐文治出任江苏教育总会会长一职，任职期间积极地推进江苏教育事业的发展，并与其他教育机构共谋发展。唐文治在担任江苏教育总会会长期间最出色的业绩是全力以赴投身南洋大学的发展。

南洋大学始建于 1897 年 1 月，成立之初被称为南洋公学，由时任大理寺少卿的盛宣怀在上海徐家汇创办。因为当时上海地处清廷所谓“南洋”之地，而且办学资金大多由官督商办的招商局以及电报局拨付，因此被称为南洋公学。成立之初的办学宗旨是“以通达中国经史大义后植根底为基础，以西国政治家、日本法部文部为指归，略仿法国政学堂之意”。也就是培养和造就外交、内政以及理财等方面的人才。之后因为袁世凯和盛宣怀之间进行的权力争斗，1904 年年底由唐文治所任职的商部接管，第二年改名为商部高等实业学堂。相对应的，其办学目标也发生了改变，变为“讲求实业以能见诸实用为要旨”“为振兴中国商业起见造就人才，力图进步”。也就是强调实业和商业的发展，培养工商业人才。

1906 年，商部高等实业学堂设立了邮传部，并在第二年改名为邮传部上海高等实业学堂。此时该学堂面临一个在当时看来最为严峻的问题：办公经费极度短缺，几乎成了一个烂摊子。在危难之际，邮传部尚书陈玉苍请唐文治出任该校监督一职。1907 年，唐文治正式接受了邀请，并来到学校报到。就这样，他与南洋大学结下深厚的情谊，在南洋大学一待便是 13 年。

3. 中国工科教育管理第一人

唐文治正式接手邮传部上海高等实业学堂之时，正值中国社会一些知识分子主张实业救国、教育救国之际。唐文治意识到必须根据时代的变迁对人才进行培养，将学校发展成为与时代相符的高等实业教育机构。唐文治在南洋大学任职 3 年之后，极有远见地将发展教育事业作为立国根本，将学校教育提升至和国家发展相互并列的战略高度上。他提出："立国之要，以教育为命根，必学术日新，而国家乃有振兴之望，此必然之理。"唐文治对大学自身的使命和教育宗旨有自己的深刻认识："夫世界一教育场也，国家一大学校也。善政不如善教之得民也。善政可以定一时，善教可以淑数世。行其教者治，不行其教者乱，而其大枢纽，尤在于各省之吏治。"

随后，唐文治便开始制定教育方针。在他看来，对学生的教育应该"以道德端其规模，以规律束其身心"。学校的建校宗旨"在造就专门人才，尤以学成致用，振兴全国实业为主，并极意注重中文，以保国粹"。而 1911 年制定的学校章程就是在此基础上演变而来的。鉴于此，唐文治把实业学科的创立视为开办教育的重中之重。在接下来的一段时期内，他先后开办铁路、电机、航海 3 个实业学科，并促成商船学校的成功开办。这样，学校的性质就从最初培养工商界人才转变为以培养工程技术为主的工科大学。唐文治本人也对中国工科教育事业的发展做出重大贡献。

此后，唐文治不断展现出自身在教育管理上的才华。第一表现在教师队伍管理方面。为了最大限度地扩大和培养师资队伍，唐文治采用了 3 种不同的方式：

（1）在国内聘请一些学术研究能力强的专家学者，让他们承担课程的教学任务。这方面的专家学者大多集中在传统学问以及基础课程方面的教学。比如其中就有担任学堂教务长一职的著名学者辜鸿铭。

（2）聘请外籍教师到学堂承担主干课程的教学任务。当时由于中国工科高等教育与国外存在很大差距，国内很难找出懂工程技术的人才，在这种情况下，唐文治不得不聘请外国专家学者。他的目标就是要实业救国。因此，在聘请外籍教师方面，他做到了不惜重金。而从外籍教师的规模上来看，在1908年到1920年间，学堂聘请外国教师的人数几乎占教师总人数的二分之一，一些工程技术专业课大多由外籍教师担任。

（3）选派品学兼优的学生出国留学。在清末的4年时间里，唐文治派好几批学生出国留学，以便让他们学成之后壮大师资力量。令人欣慰的是，这些被派出留学的学子，学成之后大多回到母校任教，这无疑夯实了学堂的师资力量。

唐文治深知，聘请学术一流的教师当然重要，但如何管理好他们也是不能忽视的问题。为了让学堂尽快成为实业人才的培训基地，唐文治改变了校长不住校的规定，而是选择长住学校。同时他还要求所有教师也应该住在学校里，且不能在学校以外兼职，目的是让教师们专心于教学，并方便学生随时请教问题。唐文治规定，教师如果生病或有事不能到校上课的，事先必须请假，工资则按时扣除。不仅如此，他还要求教师应该认真钻研业务，提高教学水平和质量。除了以上这些对外籍教师的规定外，唐文治还规定他们不要干预自己专任课程教学之外的任何事，教员无论是否教士出身，在课堂授课中不得宣讲关于宗教的信息，这样做就是为了让学生吸收到不掺杂任何宗教色彩的科学知识。

同时还规定，如果外籍教师不遵守这些规定，学校将会做出辞退处理。唐文治对教师的管理，最大限度地保证了教学秩序的平稳进行。

第二表现在学生管理方面。在唐文治看来，学校最重要的任务是培养和造就一流的人才。《论整理学部》一文中曾清楚地表达了唐文治的观点："人才者，国家之命根也；学堂者，又人才之命根也。"又说："唯余平日之志愿，在造就中国之奇才异能，冀与欧美各国颉颃争胜。"为了实现这样的目标，首先应该是选择人才。唐文治回忆了辛亥革命前招生的情形："本校长到校以来瞬经五载，历届招考新生取入专科者每次仅有三五名，即如上年下学期报考者已达千余人，而所取专科学生仍不过十名左右。"1911 年暑假，1000 名考生中只招了 10 人，真可谓是百里挑一，也可以看出招生的严格。1916 年土木科一年级新生共有 20 人，其中校外招入的有 13 人，其余 7 人是由该校附中转过来的。而在 1920 年专科一年级的新生中，班级人数少得可怜，有时甚至还不到 10 个人。因此要想考入南洋大学，不仅清末不容易，就算在民国初期，能考入南洋大学的也只是江苏、浙江、上海等地一些名牌中学的少数学生。由于在招考过程中对学生严格把关，也从根本上保证了学生的质量。

优秀人才被招进之后，对于他们的培养就成为关键问题。唐文治坚持人格教育是根本，认为应该让学生优先进行道德教育。他说过："道德，基础也，科学，屋宇垣墉也。"有了这样的指导思想，以德为先、德智全面发展的培养目标就在南洋大学开展下去了。

1915 年，陈容在《南洋》第一期上刊登一篇文章，他在文章中指出："校风者即学校精神之现象也。母校精神所趋向之道，其重要者有三。注重体育以矫文弱之弊一也，注重国学国文以保存国粹二也，注重科学工艺以增进民智三也。而母校精神所汇集之点，则爱国救民也。"著名出版家邹韬奋也说过："吾校为吾国学校中之最有历史、最有名誉者。吾校之学风亦可为吾国学校中之最可钦仰、最可爱慕者。吾校学风有三不可及：一曰吾同学皆知自尊其人格而同时且知力尊他人之人格；二曰吾同学皆知勤奋学问而同时且极尊重他人之勤奋学问者；三曰吾同学毫无奢侈恶习而同时且知敬重他人俭朴。人格为为人之基，勤奋为成功之诀，俭朴为立身之本，而吾校风皆具此而吾同学皆行所无事以自淑其身，此吾侪所当自省而保存发扬光大者也。此全国学校所当闻风兴起而共效法者也。”

南洋大学能做到这些，与唐文治的管理有方有着很大的关系。他管理学生一视同仁，并以身作则，绝不会徇私。比如，1911 年航海科招生时，与唐文治有知遇之恩的翁同龢的后人也参加了考试，唐文治从内心上讲有心录取的，但该科的负责人认为该考生“学识不足”，虽然唐文治内心过意不去，但还是没有录用他。在他出任南洋大学校长期间，虽然他惩罚了很多学生，但他对学生的态度还是谦和的。每次有学生向他咨询问题，他都会微笑作答。对学生，从来没有直呼其名，而是称兄道弟。

随着南洋大学办学规模的逐渐扩大，毕业生的前途问题就成为唐文治关注的问题。当时不排除毕业生失业的情况。唐文治向交通部提出应该对学校毕业生广为录用的建议。在面对国统区爆发的“反饥饿、反内战、反迫害”的学生运动时，唐文治为了保护学生，联名上书上海市市长为学生进行辩护。

第三表现在课程教学管理方面。唐文治的办学理念中，非常注重中文，强调将国粹保留。南洋大学从一年级直至大学毕业都开设有国文课，并将其作为一门主修课。在中小学招生时，在录取之前都要考查学生的中文成绩。招考时，首先要批阅学生的国文试卷，国文成绩不合格的，其他试卷则不会被批阅，这样一来，考生自然失去了被录取的机会。此外，学校设立铁路和电机专科之后，在教学内容、开设课程、教学方法、教学管理方面都效仿欧美。聘请的教师中，外籍教师负责专业课的教授。1910 年唐文治向中国驻美大使馆致信，请求索取美国大学的课程，以便从中参考与借鉴。在专科课程设置方面，学校以美国大学同类专科课程作为重要参考，教科书也直接从哈佛理工学院等知名大学购买。这样做的目的就是让学生掌握的知识与欧美大学毕业生处于同样的水平上。

唐文治认为，外语是向西方学习不可或缺的工具，因此在日常授课中他也加强外语方面的教学工作。1910 年，学校成立了让学生学习外语的西文科。同时还成立了英文大会，还经常组织英文演讲会以及英文辩论会，并给优胜者一定的奖励。为了让学生拥有一个良好的外语学习环境，学校规定，在英文课上，学生和老师一律用英文对话。同时还规定，学生做作业以及论文都要用英文书写。这些举措不仅给学生们提供了良好的外语学习环境，还让学生们提高了英语水平，同时还为他们日后的出国留学打好了坚实的语言基础。

唐文治一直坚信，良好的身体是支撑任何一项事业的根基，为此他十分注重学生的体质，并安排了体育课程，这也是他教育主张中一个很重要的组成部分。作为校长的他亲自主管体育，成立了体育会，并开展了很多运动项目，比如足球、篮球、游泳、棒球等。1910 年，在南京举办的第一届全国性质的运动会上，唐文治率领的校运动团就取得了不错的成绩。从 1915 年到 1920 年，唐文治还培养出一批参加远东运动会的优秀运动员。他规定学生每天早晨必须要跑操，每年都会举办运动会。凡是在学校举行的运动会，他都要亲临现场，无论胜负，他都会鼓励一番。

4. 注重实践机会

唐文治很早就意识到，想要培养出真正合格的工程技术人才必须让他们获得实践机会，通过实践实习的方式加强他们的动手能力。为此，他开办了机械和电机等附属工厂，便于学生实践之用。实习分为校内和校外两种。校内实习是根据教学进度，充分利用学校实验室里的设备，在老师的指导下进行的动手操作训练。而校外实习是根据具体专业以及具体情况而定。比如，对于铁路专业的学生，校外实习就是到铁路局或者铺设铁轨的地方实地进行测量；对于航海专业的学生来说，校外实习通常会被派到船厂进行舰船的操作与练习；而电机专业的学生，则被派往外地一些工厂进行实地考察和操作。

唐文治从两次留学的经历中，深刻体会到办教育不能缺少一个好的图书馆，他也将建设一个出色的图书馆视为重要的奋斗目标。1913 年，在唐文治主持下的南洋大学取得了突飞猛进的发展，已经成为一所颇具规模和影响力的工业专门学校。但此时新的问题又来了——学校图书馆藏书量不仅少，而且图书馆规模也略显小，已经不能满足学生日常阅读和使用了。在这种情况下，唐文治看在眼里，急在心里。1916 年，唐文治经过多次沟通和协商，决定在纪念学校成立 20 周年活动之际，向社会各界发起募捐，为建设一流图书馆而募集资金。按照当时的计划“上则唐校长为文呈大总统，请求提倡，下则诸同学于社会上，四处劝募”。

在随后的募捐活动中，上自总统黎元洪、总理段祺瑞，下至普通百姓都慷慨捐助；学校内，由唐文治带头，自己先捐出 1000 块大洋。募捐活动的高潮是在1917年4月26日到28日校庆3天内，这几天学校内涌入数千来宾，纷纷解囊相助。通过一段时期的捐助，共筹款5万多元，算上交通部拨付的3万元，最终，在1918年2月底，图书馆正式开建。1920年3月13日，唐文治参加了图书馆开馆典礼。当时图书馆藏书量为2万多册，其中西文图书5000卷，各种中外杂志多达几十种，这在当时已经颇具规模，也因此成为东南地区数一数二的图书馆。

由于唐文治的卓越管理，南洋大学在1912年改名为上海工业专门学校，并于1921年改名为交通大学。在历届清华庚子赔款公费留美生的招考中，南洋大学的学生成绩非常突出，比如1916年庚子赔款招收公费留美学生10人，其中南洋大学就中榜5人，这足以说明南洋大学的实力。在20世纪前半段时间里，南洋大学为中国工业史造就了一大批拥有较高学术水平和科研能力的人才，还诞生了一大批机电工程、铁路工程、铁道管理工程等方面的学者和专家。比如在抗日战争时期，负责设计并修筑滇缅铁路的工程师，负责修建乐山至西昌段的工程师，都来自于南洋大学。

5. 不该遗忘的国学大师

1920 年 10 月，唐文治在众人都没有预料到的情况下提出了辞职。人们对此进行推测，唐文治突然辞去交通大学校长一职或许和五四运动的爆发有着紧密的关系。五四运动爆发之后，封建礼教遭到有史以来最猛烈的冲击，在一定程度上也冲击着唐文治自身的道德观和他坚持“保留国粹”的办学理念。当义愤填膺的学生们冲击孔子学堂并砸烂孔子牌位时，作为一校之长的他痛心疾首。随后他便将受自己熏陶多年的优秀学生且还是学生领袖的侯绍裘开除出校。而唐文治自己也以“目疾日深、学风不靖”为由辞职。

其实，唐文治早就看到当时社会上存在的诸多诟病，曾一针见血地指出“世道之张，人心之迷谬，风俗之庸恶，士品之卑污，上下历史无有甚于今日者”，这种状况的根本表征则是：“新道德既茫无所知，而旧道德则扫地殆尽。”“举国民之心皆粗而不能细，举国民之气皆浮而不能沉，如是而犹望其治平也，岂不哉？”对于这样的社会风气，唐文治认为：“科学之进步尚不可知，而先淘汰本国之文化，深可痛也。”因此，他认为正本清源之计，必当起用“品行心术贤良纯粹之人”，即他一贯坚持的“正人心，救民命”。而这种人才的培养，“亦当以宋周（敦颐）、程（程颐、程颢）、张（载）、朱（熹）之学先植其本，性理既明 ，发为政治，自然纲举目张，无复颠倒凌乱之弊”。

唐文治的主张，简单来说，就是不能放弃国粹。因此，他毅然决然地放弃在交通大学的职务，来到无锡国学专修学校。因该校的办学主旨与自己“保留国粹”的理论非常相似，都是对中国传统文化的传承，目标是“在研究本国历史文化，明体达用，发扬光大，期于世界文化有所贡献”。无锡国学专修学校的教育集中在经史子集，所用的书目和版本都是由唐文治亲自确定，经学科目，唐文治还亲自授课。唐文治为了国学教育撰写了诸如《国文阴阳刚柔大义》（八卷）、《曾子大义》（二卷）、《大学大义》（一卷）、《中庸大义》（一卷）、《论语大义》（二卷）、《孟子大义》（七卷）等一大批国学书目，不仅说明了他对国学的热爱，还充分体现了他在国学方面的功力和造诣。

有着“国学大师”称号的唐文治也注重国学教育。假如学生国文考试成绩不合格，其他科目的考试试卷就不用批阅了，如此严格的要求在当时大学中实属罕见。唐文治还亲自组织了每年一届的作文比赛，全校学生都可以报名参加。对于作文比赛，唐文治亲自参与题目的拟定、批阅等，还将历年作文大赛上优秀的文章编成《南洋公学新国文》。此后，举办作文大赛的制度被延续下来，到解放初期也成为该校的特色。

在课堂学习之外，唐文治还强调体育活动的重要性。他认为体育锻炼既能让学生强健体魄，还能磨砺人品。因此，他在校园内千方百计地提倡学生参加体育锻炼，先后开展了形式多样的体育运动，如足球、垒球、武术等。在举行体育比赛之前，他都会亲自讲话鼓励，并坐镇观看比赛，甚至充当啦啦队助威，比赛如果获得胜利，就会开庆功会以表慰劳，如果比赛失利，他也会在会场上勉励学生。在他的积极倡导和支持下，学校里众多的体育运动项目都名声在外。

1920 年年底，唐文治因积劳成疾而辞职，定居在无锡。之后他又兴致高昂地创办了无锡国学专修学校，并主持该校校务长达数十年，为培养国学专才、保护民族文化起到不可或缺的作用。建国初期，唐文治赢得了“上海十老”的美誉。

新中国成立之后，唐文治本人也进入了人生的暮年。他以殷殷赤子之情热爱着国家，对国家的赞美常溢于言表。他多次受到上海市的嘉奖，还被尊为“上海十老”之一。1954 年 4 月，一代教育大师和国学大师唐文治病逝于上海。唐文治虽然离去，但人们不会忘记他在南洋大学度过的艰难岁月，也不会忘记他为中国教育事业做出的贡献。

第十章

“广大勇夫”马君武：投身教育，誓言为国家谋福利

马君武谈大学精神：

“教育的宗旨在养成人民坚强的善意识，去除自私自利的心地，以作行为的标准；尤其要养成健全不拔的真精神，对祖国具有热情，对朋友表现信心，不妨牺牲一己，以谋民族国家的福利，对国民应有‘真’和‘爱’，并且本着这一精神，结合为公共团体，共同负起责任，以尽国民的义务。”

广西大学西校园的实验大楼前，最引人注目的是一座高高矗立的雕像。只见雕像身穿长袍，左手拿着一顶礼帽，与右手交叉叠在身前，双眼目视前方，这是先后3次担任广西大学校长的马君武雕像。在创办大学之前，有过留学经历的他在政界和学界享有较高的盛名，孙中山也曾委任他为国民政府首任广西省省长。马君武从省长到校长，在生逢乱世之际，到底经历了怎样的故事？

马君武曾经在其他大学任职，担任广西大学校长的时间最长，先后3次出任校长一职。他对广西大学做出的贡献和影响最大、功绩最多。而广西大学的发展历史，要从马校长说起。1928年，马君武第一次担任广西大学校长，第二次担任校长是在1931年，而第三次担任校长是在1939年。在这段时间内，马君武凭借自身的人格魅力以及对教育事业的钟爱，进行着改革，虽然遭遇挫折，但一如既往。他的声望与北京大学校长蔡元培齐名，故有“北蔡南马”的说法。对于广西大学的师生而言，马君武不仅是广西大学永远怀念的老校长，还是学生们发扬其教育精神的一代宗师。

人物小传

马君武（1881—1940），出生于广西恭城县。近代著名学者、教育家和政治活动家，广西大学的创建人和首任校长。1901 年年底，他成为广西地区首批赴日留学生。1905 年，在梁启超的举荐下，马君武加入同盟会，被选为秘书长。1916 年，他积极地响应孙中山发起的护法运动，并出任广州军政府交通部部长一职。1921 年孙中山出任临时大总统时，马君武先后出任总统府秘书长以及广西省省长。

1. 家道中落的苦孩子

1881 年 7 月，马君武出生于广西恭城县的一个幕僚家庭。他的祖籍是湖北蒲圻，因为道光初年考中进士的曾祖父马丽文，官至广西思恩府知府，并死在任所内，所以其后人一直生活在广西。

马君武的父亲马衡臣在县府做幕僚，马君武 4 岁那年，便跟随父亲搬到幕僚的住所，并开始读书。但就在他 10 岁那年，父亲马衡臣染病去世，母亲将马君武和其他孩子带到桂林的舅舅家寄居。父亲马衡臣的去世对于年少的马君武来说是个极大的打击，家里失去了收入，马君武不得不帮母亲以给别人缝衣边的方式维持生计，日子过得自然清苦许多。当舅舅去阳朔做幕僚时，马君武也跟舅舅一起到阳朔读书。因为生性顽劣且不听教诲，被舅舅送回桂林。母亲得知这个消息后，生气地打了马君武一顿。也正是因为这一顿打，让当时只有 12 岁的马君武下定决心努力读书，并立志做个人上人。

在当时科举制度被废除、新式学校兴办的环境下，16 岁的马君武毫不犹豫地报考了广西体用学堂。当时曾任台湾巡抚的唐景崧是体用学堂的校长，之后他又被推荐为“台湾民主国”总统。马君武在体用学堂求学时，将唐景崧校长曾说过的“科学救国”的教诲铭记于心，通过刻苦的学习，马君武的数学和英文成绩都位列前茅。不仅如此，西方传教士在中国发行的书刊，特别是那些科普知识，都能引起马君武很高的学习兴趣。

当时学校规定，学生每天都要记日记并交给老师。由于马君武受过维新变法的影响，喜欢对时政进行评价或者批评，因此遭到学校的处分。学校为此还张贴了处罚学生的名单，这引起学生们强烈的抗议。名单被学生撕烂，一时间事态变得有些难以控制。在这种情况下，马君武和其他一些同学出走香港，结束了在体用学堂不到一年的学习。

之后，马君武在广州法国教会学校学了一年法语，之后又到上海学习。1901 年年底，他成为广西地区首批赴日留学生，到日本帝国大学应用化学专业进行深造，那一年，他 20 岁。

2. 心系政治的工学博士

马君武在日本留学期间，结识了梁启超，并在其主办的《新民丛报》担任主要的撰稿人。之前，马君武还在新加坡拜见了康有为，并与其讨论国事。后来经过别人介绍，马君武还结识了有“民国之父”之称的孙中山，孙中山本人对马君武也赞赏有加。从此，他也成为孙中山营垒中最重要的人之一。

1905年，在梁启超的举荐下，马君武加入同盟会，还被选为秘书长，与陈天华、黄兴等人起草了同盟会章程。同年冬，日本文部省发表了一个关于中国留学生的“取缔规程”，主要目的就是限制中国留学生去日本留学。在这种情况下，一批在日本留学的学生愤然回国，并在上海创立了“中国公学”，由马君武出任上海公学总教习一职。期间，对党政事务热衷的马君武被两江总督端方视为“眼中钉”。为了避免遭到暗算，马君武决定远走德国，并进入柏林大学攻读冶金专业。马君武之所以选择这个专业，是希望自己学成回国之后，利用自身所学，振兴国家的工业。

马君武经过几年的苦心研读，终于获得博士学位。在他之前，获得博士学位的中国人屈指可数。武昌起义爆发之后他回国，在由革命党人在上海创立的机关报《民立报》工作。工作不到2个月，就发表了10多篇轰动一时的社论。社论中不仅有宣传革命党的文章，也有斥责袁世凯为“民族败类”“全民公敌”的评论。与此同时，他又声援在国外进行外交活动的孙中山。马君武作为广西代表，先后参与了《临时政府组织大纲》和《中华民国临时约法》的起草工作，还被任命为实业部次长，1912年出任国会参议员。

在1913年孙中山讨伐袁世凯的二次革命失利后，马君武意识到形势的严峻，为了躲避追杀，决定再度赶往德国，于是他来到柏林农科大学深造。1916年回国之后，他积极地响应孙中山发起的护法运动，并出任广州军政府交通部部长一职。1921年孙中山出任临时大总统时，马君武先后出任总统府秘书长以及广西省省长。在南宁商会大礼堂，孙中山表示说："我特地让一个不贪财、不惜命、既懂工业又懂农业的马博士做你们的省长。"马君武当即表示："我这次回来，是与各位共同改造广西的，我是广西人民的公仆，主人要我怎样做，我就怎样做，决不推辞！"

马君武的设想是好的，但当时广西军阀混战、盗匪横行，他想实行的改造又谈何容易？起初他想修通南宁到宾阳的路，但因为战乱等方面的缘故，工程不得不停了下来。很多时候，马君武的政令很难出广西省城，只能被困在南宁，当时广西军阀刘震寰甚至想把他逼出广西。

马君武考虑到眼下的形势，做出决定：将省署从南宁搬到靠近广州军政府的梧州。当马君武一行人乘船来到贵港时，遭遇了枪战，幸好反应及时，马君武才得以幸免。险遭不测的马君武深感军阀的肆无忌惮，官场也乌烟瘴气，于是他决定辞去广西省省长一职。

1924年，马君武发表了宣言，公开反对国民党改组。第二年，他被任命为北洋军阀政府司法总长。1926年3月，马君武又改任为教育部总长。虽然他没有到任，但国民党认为他与北洋军阀政府产生了很深的渊源，于是开除了他的党籍。马君武经过10多年的宦海沉浮，饱受艰辛，决心一世都不再从政。

3. 翻译大家和诗人

留学期间的马君武虽然选读的都是工科，但他的文科造诣之高却令人备感意外，因为他不仅不逊色于任何一个文科出身的学生，还经常撰写各类哲学论文，都具有一定的影响力。有人评价说，中国早期在介绍社会主义，并阐述马克思主义思想理论方面，除了梁启超对其有全面的了解外，第二人就是马君武了。他从留学日本开始，就喜欢上翻译，曾翻译了很多国外传记名著。由于他精通多门外语，因此他的翻译面很广，翻译内容也涉及社会科学、自然科学、人文历史等方面。而《共产党宣言》的纲领部分，就是马君武在 1906 年夏天翻译的。他还翻译了达尔文的《物种起源》等书。此外，马君武对德国十八九世纪在人文科学领域取得的成就赞叹不已，不仅翻译名家的作品，还介绍了大师们的学说。在文学翻译方面，他最擅长的是诗歌。

马君武曾翻译过雨果的一首情诗："此是青年有德书，而今重展泪盈裾。斜风斜雨人增老，青史青山事总虚。百字题碑记恩爱，十年去国共艰虞。茫茫天国知何处？人世仓皇一梦如。"

马君武在翻译诗歌方面给人留下深刻的印象，很多人认为他最大的特点是，能够将西方事物中国化，而且在翻译中还不会失去原意，既可以保持原作品固有的风格和韵味，还能体现出浓厚的中国古体格律诗的特点。由于他极为崇拜歌德，也经常会翻译其作品，比如他翻译过歌德《米丽容歌》其中的一节："君识此，是何乡？园亭暗黑橙橘黄。碧天无翳风微凉，芍药沉静丛桂香。君其识此乡？归欤！归欤！愿与君，归此山。"

马君武不仅在翻译方面有一定的建树，自己也写诗，著有《马君武诗稿》。他的诗最大的特点就是极具新学思潮以及爱国主义，最具代表性的有《自由》和《从军行》。《华族祖国歌》宣扬的是物竞天择思想，极力号召中华民族“肩枪腰剑”，奋起救亡。主张创新的他，在《寄南社同人》一诗中这样写道：“唐宋元明都不管，自成模范铸诗才。须从旧锦翻新样，勿以今魂托古胎。”

4. 接任广西大学校长

厌倦了政治的马君武，开始了他的另一段崭新的人生。马君武赋闲在上海时，就和一些志同道合的朋友商议筹办大夏大学，也就是华东师范大学的前身。1924 年，厦门大学 300 多人由于对学校现状不满，而集体离校，并奔赴上海设立了新学校——大夏大学，聘请马君武任校长。上任后的马君武便提出“三苦精神”，即教授要苦教、职员要苦干、学生要苦读。凭借自身的勤奋以及博学多才，大夏大学形成了浓厚的学术氛围，吸引了包括郭沫若、田汉等多位著名的学者来任教。

马君武不仅通过各种渠道聘请知名学者和教授来学校任教，还筹备资金，购置教学设备，并充实电机、化工、纺织、机械 4 个重要学系的实验室以及实验工厂，这无疑为提高学生们的实践能力打好了基础。

当时学校的一位教师这样回忆道：“马校长来到学校之后，久久不曾冒烟的实习工厂，冉冉升起了浓烟；严冬里略显冷清的图书馆，也生起了炉子取暖，这让全校师生都深感振奋。”

当新桂系军阀头领李宗盛统一广西之后，决定在广西发展一所大学。在人选的选择上，大家不约而同地想到了一个人，这个人就是马君武。1927 年，马君武受邀回到广西。经过商议，广西大学的校址选择在梧州桂江对面的蝴蝶山。那个年代的蝴蝶山，虽然还是一片未开采的“处女地”，但地理位置和交通还是绝佳的。1928 年年初，广西大学开始开工建设。首期的工程包括建造农学院、工学院、文理学院、图书馆、礼堂、学生宿舍等。马君武本人也亲赴德国大批量采购教学仪器，其中的高倍显微镜就多达数十台之多，这是当时很多大学望尘莫及的。同年9月，校舍大部分被建成，当即便举行了空前盛大的开学典礼，马君武也被聘为首任校长。上任初期，他提出了“复兴中华，发达广西”的建校宗旨。

由于当时广西地区的高中毕业生不是太多，所以广西大学招收的第一届学生都是预科生，即便如此，马君武还是通过各种方式从上海聘请到13名教授来学校执教。1929年爆发了粤桂战争，粤军将梧州占领。此时的广西大学由于办学经费没有着落，不得不停办。而马君武接受蔡元培的邀请，到上海中国公学出任校长一职。

1931年，粤军从梧州退兵。此时的广西省政府立即电传马君武，让他回到广西继续主持校务。马君武第二次主持广西大学的校务后，成立了理学院，并招收了第一届本科生。在本科第一届开学典礼上，马君武激动地表示：“广西大学有本科了，广西青年以后可不必到省外读大学了。”

马君武认为：“学校要养成科学的智识、工作的技能和战斗的本领。读死书的时代已经过去，今后的我们要能工作，为生活而工作，用新的方法改良我们的生产。”马君武会亲自组织学生到广西大学机械系设有的机械厂，包括车工、木模、锻工、铣工等部门学习工艺操作，还让学生学习工厂技术管理以及企业管理方面的知识。

1935年，广西大学成立了植物研究所。为了最大限度地提升该所的学术研究能力，马君武先后多次拜访时任国际植物学会副主席的中山大学著名教授陈焕镛所长，还重金聘请竺可桢、李四光、王力、李达、陈望道等学术权威人士到校任教。

当时的马君武用这样一句话概括广西大学的教学气氛：“西大有一种精

神，就是‘大家拼命’，这或许是别间学校所没有的。”当时，广西大学有相当一大部分学生来自农村，到梧州之后见到繁华的城市，有些学生存在好奇心理，总喜欢往城里跑，影响了学习。马君武语重心长地告诫学生：“于兹正值春风惠临，绿柳发芽，水碧山青，春鸟乱鸣，应乘时努力学习，往应该去的地方，如往图书馆、实验室、体育场和大自然去，以求得智识，练好身体。”他还写下一首《示梁生》：“守身严似犬防贼，治学勤如蜂筑巢。但使每年增一尺，到头终比万山高。”通过这样的方式激励学生加强品行和学识方面的学习。

马君武对家庭贫困的学生也爱护有加。他在校内建立了“苦学基金”，如果家境困难学生考试成绩在 90 分以上的，就可以申请苦学基金，从而免去学生全部的学杂费、伙食费和书籍费。而对于那些缺少日常生活费的学生，学校还向他们提供了勤工俭学的机会。

1936 年，白崇禧想要在广西大学搞军训，马君武当即表示赞同。但是，马君武对于军训教官态度蛮横粗暴、经常打骂学生一事不能接受。这一天，上课时间已经到了，可军训教官还在向学生训话，甚至还想体罚学生。忍无可忍的马君武让人去打钟，学生们听到钟声后便一哄而散。其实，马君武与白崇禧在许多问题上的意见都是不统一的，但白崇禧碍于马君武在广西大学的名望，不便公开将其辞退，便决定将广西大学进行拆分，随后便对其进行了改组。此时悲愤的马君武眼看着凭借自己的能力难以保全一个完整的广西大学，于是提出了辞职。

5. “北蔡南马”的由来

广西大学在1939年发起了轰动一时的“国立运动”。抗日期间，迁往桂林的广西大学不仅吸收了来自全国各地的学生，而且还吸引了众多学术界的权威人物。以它当时的师资力量和教学质量来看，绝对能和国内其他的名牌大学相提并论。

时任广西省主席的黄旭初大力支持广西大学变更为国立，并报到教育部进行审批。同一年，马君武从上海回到桂林的消息传到学生们耳中后，学生立即向省政府请函，要求让马君武再次到广西大学担任校长。

同年8月中下旬，广西大学成功地改名为国立广西大学，马君武也再次被聘为该校校长。这也是他第三次出任校长一职了。“我向来不找事做，但若国家有事要我办，我也不辞，尤其是在此国难期间，人人应该尽力救国。我休息了3年，精神也已恢复，不妨再来主持广西大学。”

没来广西大学之前，马君武就得知广西大学理工学院遭到日本战机的轰炸，不得已才于1937年从梧州迁往良丰。由于缺少便于学生实践用的实验室，很多教学设备都无处放置，只能露天放置，这就造成一些机器设备的损坏。还有一些放在山洞里，但因为潮湿的原因，也已经生锈。马君武见此情景不禁落泪，立即找人修建图书馆、物理化学研究室、电机室以及学生宿舍等，并将通过募捐得到的10万多元购置了图书仪器，并修复了放在山洞里生锈的仪器设备，如此一来，广西大学的办学条件得以改善。

1940年8月，马君武在他第三次担任广西大学校长不到一年的时间内，因病医治无效在雁山校区逝世。根据他的二儿子马为之回忆，在父亲重回广西大学的短短一年时间内，身体状况每况愈下，胃病也一刻没有离开他。有一天晚上，父亲胃病复发，由于医疗条件有限，只服用了一些止痛药，但第二天，父亲又照常回校工作。

蒋介石、白崇禧、陈立夫、孔祥熙等人在马君武去世后发来唁电。此外，周恩来、朱德、彭德怀等人也送来挽词，表达了对一代宗师的沉痛缅怀。一位亲历当时送葬的学生回忆道：“西大至雁山脚下，一里多路，沿途笼罩着哀伤，人们肃立路旁，供奉水果、香烛，伴着泪水，伴着无尽的思念。两千多人，西大的学生，马君武的亲友，生前好友，行列蜿蜒，护送马先生的灵柩。”从那时起，马君武长眠桂林雁山脚下。

不得不说的是，在中国近代教育领域，马君武的声望与北京大学校长蔡元培齐名，故有“北蔡南马”的说法。由于他对广西大学做出了很多贡献，这在当代看来，也是不能被遗忘的。对于广西大学一代又一代的师生而言，马君武不仅是广西大学永远值得怀念的老校长，还是学生们最应该发扬其教育精神的一代宗师。

6.“勇夫校长”的由来

假如要为民国知识分子的好斗程度排个名次，马君武当仁不让。他勇武好斗的程度已经广为流传。民国初期，马君武怀疑宋教仁投奔袁世凯，随即便对其发起了言语上的攻击。宋教仁一怒之下打了马君武一个耳光，随后两个人便厮打起来，最终马君武打伤了宋教仁的左眼，宋教仁完败。

1917 年初期，国民议会讨论对德宣战事宜，马君武不赞同宣战，但却遭到李肇甫的反对，勃然大怒的马君武便举杖追打李肇甫。即使是在一些高雅的场合，马君武也摆脱不了勇武之气。在一次对诗赏月时，苏曼殊的诗让马君武失了颜面，没想到马君武当着众多文人雅士的面儿，想要拳打苏曼殊，最终被众人劝说住才肯罢手。

对于身处那个年代的人来说，虽然马君武性格中带有一些“烈性”，但却有其“烈”的道理。他曾经担任过孙中山的秘书长一职，还是起草同盟会章程的人。辛亥革命爆发后，马君武先后在南京临时政府出任实业部次长、司法总长、教育总长等，确实为国民党内有着极高声誉的元老级人物。

曾经留学德国获得工学博士的他，精通日语、德语、法语、英语，文笔又好。他是第一个翻译达尔文《物种起源》的中国人。但就是这么一位具有文人秉性的人物，政坛之路却走得不是太顺畅。由于自身的固执己见，曾经被国民党开除。之后，马君武得到一次恢复党籍的机会，党部给他一张表，让他在“何时入党”一栏填写信息时，马君武却填上“同盟会章程是我起草”，这令党部很多人都哭笑不得。

马君武还出任过广西省省长，但由于多次和桂系军阀交恶，遭到军阀暗杀，甚至连自己的妻子也遭遇不测。他与老朋友陆费逵诉说着心中的不快，陆费逵对他说："你是文学家、工业家、教育家。我国应该做的事多得很，你的脾气，不宜搞政治，何不去做本行的事业呢？"死里逃生的他在痛心之余下定决心远离政治生活。从此，"勇夫"马君武正式和政坛告别，成为一个敢做实事、雷厉风行的大学校长。

此后，马君武出任广西大学校长一职，并开始推行"锄头主义"，要求全校学生带上锄头参加劳动，不仅培养了学生们吃苦耐劳的品质，还让一些学生通过劳动换回一些报酬，以便补贴生活费不足的问题。在抗战时期，为了让学生们尽快地适应战斗生活，马君武提倡学生军训。在校园里，学生们接受军事化的训练，头戴军帽、腰扎皮带，每日准时作息，列队进出食堂，有时还要进行一些夜间演习。在选择人才方面，马君武表现出不拘一格的特质，从当时的惯例来看，大学毕业生想要成为讲师应该先从助教做起。马君武到中学教师暑期讲习班中挑选人才，让他们来广西大学担任助教。而对于那些学生们不满意、工作热情不高的教师，无论学识资历如何，一旦到了聘用期，都会立即解聘。

但就是这么一位"恃才傲物"的大学校长，却因为校务工作改变此前"勇武"的形象。为了让大学更好地发展下去，他曾向张学良反映了捐助办学款的想法，但张学良却拒绝接见他。当时的马君武并没有气馁，他来到张学良的公寓门外待了一夜，最终张学良只好接见他。戊戌六君子康有为去世后，马君武得知康有为家人要将其藏书卖掉，于是苦苦央求，自掏腰包将康有为生前的书置于学校图书馆内。

1936 年，广西政府规定大学校长应该由省政府主席兼任。当时的马君武自告奋勇地提出要担任理工学院院长一职，但遭到拒绝，无奈之下，他离开了广西大学。离别前他对学生们说："我一生做的许多工作，都是别人求我，只有办西大，是我求别人。"3年后，59岁的马君武重任广西大学校长，在他的支持下，学校各项事务稳步推进，他也成为令万千学生敬仰的对象。

第十一章

“民主大家”胡适：众望所归，民主自由治校

胡适谈大学精神：

“学校当然要给你们以自由，但是学校不能给你们独立，这是你们自己的事。我是一个没有党派的人，我希望学校里没有党派，即使有，也如同有各种不同的宗教思想一样。大家有信仰自由，但切不可毁了学校，不要毁了这个再过多少年不容易重建的学术机关。”

“你们大门上贴着欢迎我的标语，要求自由思想、自由研究，为什么我要你们独立，而不说自由呢？要知道自由是对外面的束缚而言，不受外面势力的限制与压迫，这一向正是北大的精神。而独立是你们自己的事，不能独立，仍然是做奴隶。”

说起北京大学，这所百年大学的历史内容是如此丰富，什么是北京大学精神，人们各说各话、仁者见仁。北京大学最重要的传统是胡适所提倡的学术自由、大学独立的精神。独立就是不媚流俗、不畏强权。自由就是以学术与知识为导向，不受任何非学术因素的影响和干扰。胡适一直认为，在博大精深的学术与知识面前，只有容纳异见、人人平等，没有霸权与束缚。

来到胡适校长墓碑前，让人不禁想起这位毕生都在为大学独立和学术自由而奋斗的先贤的事迹。他一心将学术视为人生的事业，他的治学视野异常开阔，很少有人像他那样涉足文学、哲学、语言学、宗教学、政治学等领域，并且每个领域都取得了非凡的成就。不仅产生了深远影响，而且也让人们愈发地感受到胡适自身释放出的大家风范，更成为让人学习的榜样！

人物小传

胡适（1891—1962），徽州绩溪人。字适之，笔名天风等。中国现代著名文学家、哲学家、诗人。新文化运动的发起人之一，五四运动的核心人物。曾在北京大学任职。1906年到1909年曾在中国公学读书。1928年，胡适出任中国公学校长一职。1930年，中国公学召开首届学校运动会。1946年10月10日，胡适参加了北京大学的开学典礼，并发表了演说。

1. 与中国公学的情缘

胡适的人生经历可谓充盈，因为他担任过两次校长。第一次他在上海中国公学担任校长，而第二次则是在北京大学担任校长。无独有偶的是，胡适两次当校长最终都是由于政治原因而离开，这也反映出当时政局的动荡。胡适离任校长，从表面上看是他的失败，但不能否认的是，胡适的教育理念、思维模式、文化追求却是一笔值得学习和继承的丰富遗产。

1928 年，胡适出任了中国公学校长一职。中国公学成立于 1905 年，而胡适在 1906 年到 1909 年曾在公学里读书，这段读书生涯对他日后的影响异常显著。随后，胡适到美国留学，学成回国后的他，来到北京大学任教。1926 年，他被派往伦敦出席中英庚子赔款委员会之际，在全球范围内进行了旅行和考察。在 1927 年即将回国之时，中国政局发生的变化出乎胡适的预料。从当时很多人给胡适的信中，也能感觉到形势的发展对胡适不利。

很多人都认为，当时北京处于一种有话不能说的局面，日报、周报甚至晚报所发表的内容都受到严格的检查，也经常出现截留的情况，并且无故被捕的人也很多。不仅北京如此，上海也出现这种情况。

面对这种言论不能自由的局面，胡适从日本回到上海。因为不能回到北京大学，他只好任光华大学教授，此外还在东吴大学兼课。第二年，学潮也在中国公学爆发，此时的学校董事会推选出于右任和蔡元培出任校长，但却遭到学生们的反对。学生给出的理由是，两个人虽然学术能力强，但兼职太多就不能专心投身教育事业。在这种情况下，胡适被请出山，以解决当前出现的危机。

胡适在朋友的反复劝说下，同意只主持两个月的校务，学期结束后就辞职。即便是这样，胡适也深感自己肩上承担了过多的担子，好比给自己套上一副枷锁。

上任后的胡适非常受师生们的欢迎，但他发现学校竟然连最基本的校规都没有。在这种情况下，他召开了校务会议，并想从学校组织和学校规章制度入手，并通过了“校务会议组织大纲”“教务会议组织大纲”和“学校章程起草委员会”等议案。

这些规章制度产生之后，胡适便用“无为而治”的态度处理着学校的事务。表面上胡适采用的是“无为”，实际上却是以无为而为。这和法国著名教育家卢梭的“以不教而教”具有相同的作用。

当时一位名叫陈咸森的学生对胡适的“无为而治”讲得更透彻。他说：“胡先生一贯主张无为而治，这在当年我们做学生时还不大了解，直到30年后在台湾看到胡先生的一篇‘无为而治’的文章，那篇文章说到艾森豪做哥伦比亚大学校长和做总统时的两个故事，方才明了胡先生的‘无为而治’的深刻道理。”

艾森豪指的就是艾森豪威尔。为了能充分理解“无为而治”，先看看胡适在文章里讲了些什么故事。胡适所讲的第一个故事就是艾森豪威尔在担任哥伦比亚大学校长时，大学各部门领导都会定期谈谈各自的教学工作。于是艾森豪威尔每天都会和学校两三位院长或者部门负责人会面。几天后，艾森豪威尔问副校长，和自己谈教学工作的院长一共有多少，对方告诉他会有60多位。此时的艾森豪威尔明显有些不耐烦，并告诉副校长当年他当盟军统帅时，只和3位将领会面，并完全相信他们。而这3位将领的手下，自己从来不用过问。艾森豪威尔想不到当了一个大学校长，竟然会和60多位大学各院系负责人会面，这些人谈的问题自己既不大懂又说不到点子上，这其实是没有任何意义的事情。

胡适在文章中讲的第二个故事是说艾森豪威尔当选总统之后，喜欢高尔夫球运动。有一天他收到了一份白宫送来的急件，他的助手帮他准备好两份不同的批示，一份是“同意”的，一份是“反对”的，让他在其中选择。令人没有想到的是，艾森豪威尔竟然在两份批示上都签了字，并告诉助手，把两份批示送到副总统尼克松手中，让他替自己挑一个。

在许多人眼里，胡适在文章中所讲的这两个故事是对艾森豪威尔的嘲笑，但是胡适却不这样认为，因为他能从中看出民主的真谛。胡适的这个想法与观点很多人都会感到陌生。人们一旦拥有权力或者需要担负点责任，必然会搞出一些名堂来。这些人不懂得自身的认识和智力等方面是有限的。因此正如胡适所认为的“无为”一样，应该成为每个人，特别是想让人心服口服的一条戒律。

胡适所提倡的“无为”，并不是什么也不干。他刚上任之时，全校学生有300多人，这些学生分散于4个学院的17个系中，在胡适看来，院系的设置有些冗余。于是，他将工学院、法学院和经济系裁掉，只设置文理学院和社会科学院以及中文系、外语系、哲学系、数理系等7个系。为了让文理能够重点发展，胡适还兼任文理学院院长一职，向学生们传授文史和自然等方面的知识。事实上，他的这个做法效果非常明显，很多学生也因此改变了命运。

胡适一直强调，学生如果过早地接受专才教育，而忽视基本的文理知识，不仅会因为自身知识面过于狭窄而难成大器，重要的是会成为一个不懂得思考的“奴隶”。为了提升教育质量，胡适请一些著名的教授和学者来校任职。其中包括梁实秋、郑振铎、陆侃如、高一涵、张慰慈、杨亮功、罗隆基、饶孟侃、黄白薇、冯沅君、全增嘏、叶公超等。胡适选聘人才不会看这个人的学历，更重要的是看学力。比如当年聘请沈从文时，就引起很多人的非议。由于沈从文是小学毕业，且又没有发表过学术论文，这样一个人怎能到大学授课呢？此外，沈从文不善言辞，第一次授课时就因为胆怯，在讲台上竟然 10 分钟说不出一句话。但沈从文自身善于思考以及刻苦钻研学术的精神还是打动了胡适，胡适坚信自己的眼力，之后沈从文在学生中的影响力也足以证明胡适当初的决定是正确的。在胡适的努力下，中国公学自身的形象得到很大提升。一年时间内，学生就由 300 多人增至 1000 多人。当时的很多学生都对中国公学给予了很高的评价，他们一致认为，在胡适的主持下，思想自由、团结向上的氛围出现在中国公学里，只凭借这一点，就是其他大学所不能达到的。

2. 胡适和他的贡献

胡适主持下的中国公学之所以呈现出新气象，与胡适做出的贡献有关。那么胡适对中国公学都做出了哪些贡献呢？

如果将一个人或者某一种思想过度神圣化，就是专制制度最典型的特征。它的最终目的就是要让所有人都成为被随意摆布的对象。面对这种情况，胡适坚决抵制。人们不禁会问，胡适为什么会选择这样做呢？因为在胡适看来，教育的最终目的，在于培养一个人的发展；而党存在的目的，无非在于让信徒增多。教育是以人为本的，而党却是以组织为本位的。因此当人和组织利益产生冲突之时，人首先就会成为牺牲的对象。在人本方面，胡适是大学校长的楷模。

胡适在中国公学树立了良好的学风。树立良好学风，虽然成为学界都认可的一句话，但究竟何为良好学风，恐怕很少有人理解其中的内涵。担任校长后的胡适和同事们开办了《吴淞月刊》，目的就是鼓励文学创作以及学术研讨。为此，他创立了两条戒约：第一，要“小题大做，不要大题小做”；第二，要着眼于事实，注重证据。关于前者，也是胡适一再强调的，而对于后者，需要加以阐述。

1928 年胡适决定继续出任公学校长时，就写下了名为《名教》的文章。文章中谈及的“名教”，就是信仰并推崇“名”，认为“名”是万能的。胡适眼中的“名”就是文字。比如古人的名号以及标语口号等，都可以看成是名教。在胡适看来，很多人并没有摆脱名教的束缚。一些人也因此生活在标语口号或者一些名词术语中，但遗憾的是，很多人都没有意识到名教问题的严重性。

那么如何改变这种状况呢？胡适在1928年写了一篇名为《治学的方法和材料》的文章，文章中谈及治学需要的不仅是科学的方法，还要有鲜活实际的材料。胡适眼中科学的方法，就是要以事实和证据为依据；所谓鲜活实际的材料，就是要从纸上学问里脱离出来，到科学实验室去寻找答案。只有这样，才能真正摆脱名教，最终也可以建立起良好的学风。

胡适重视同等学力。无论是教授的选聘还是学生的招录上，都能反映出胡适对学力的重视。虽然他对具体的事务不会多问，但很多事情他都心里有数。比如在每年招生结束之后，教务处会向考生所在学校发出公函，邀请查询该学生文凭的真伪，如果发现学生是假文凭，会予以开除。实际上，这件事操作起来并不是特别顺畅。因为有的学校根本不存在，发出的公函自然就会石沉大海；有些学校回函之后，学生们大多已经上了一段时期的课程，由于不忍心将这些学生开除，于是就建议教务处留心观察这些学生的表现，对学习好的学生网开一面。但教务处却不愿意开此先例，只能硬起心肠。后来，胡适还发现一名学生藏有一个学校公章和校长公章，这显然是伪造证件的证据，但胡适得知这名学生早已毕业后也就默认了。此外，胡适还听说四川有位校长每次外出之时，都会随身携带一些空白的毕业证送给他人。胡适起初并不相信，1929年当他和一位亲戚闲聊时得知，亲戚家的侄子从一个校长手中买回来一张毕业证书，胡适非常气愤。气愤之余，他也进行了反思。在他看来，出现这种状况从根本上与教育部密不可分。由于当年教育部废除了具有同等学力者才可以报考大学的规定，这也让假文凭随即泛滥起来。假如不允许同等学力的考生报考大学，无形中在引诱一些人犯罪，这也就不能从根本上解决假文凭的问题。

重视同等学力，是胡适坚持的主张。1934年，胡适在《大公报》发表了题为《谁教青年学生造假文凭》的文章，文章中阐明了假文凭存在的事实以及解决方法。1937 年，胡适又提出承认同等学力才是振兴教育事业、预防文凭作假的根本。

大力弘扬体育精神。虽然胡适在中国公学任职时间不过 20 个月，但他实干的精神却可圈可点。这表现在他对体育方面的贡献。自幼就体弱多病的胡适，不太喜欢体育运动。当他到美国留学，观看橄榄球比赛时，球队队员的厮杀声以及啦啦队的呼喊声，在他看来是“罗马时代的角抵和斗兽的遗风，很不人道的”。随着对西方文明认识的深入，他对体育的认识也改变了：体育不仅可以锻炼身体，还对人格的养成起着关键作用。

1930 年，中国公学召开首届学校运动会。为了让学生们积极踊跃地报名，并正确对待比赛的胜败，胡适还撰写了运动会会歌，并且在开幕式上致辞：“运动会是一种教育，是一种训练，不是一种游戏。”他还说：“大家都在跑，而得奖的只有一人。假如按照平时的成绩，已经知道某人一定会夺得锦标，难道我们就不参加了吗？不，大家还应该参加。有了我们的加入，他才会有第一；没有我们的陪衬，他一个人算不得第一。正确的态度是：他得他的第一，我们搞我们的训练；他的光荣，也是我们的光荣。这才是真正的体育精神。”在开幕词结束时，他还说：“祝诸君人人有光荣的胜，人人有光荣的败！”这也可以看出体育比赛不仅仅是对抗，而且还是一种合作。所谓的重在参与，就是对体育精神最好的诠释。可以说，胡适所倡导的体育精神是中国近代文明的重要组成部分，不仅适用于体育比赛方面，还适用于其他领域。

3. 向人权和自由发起挑战

一位大学校长能够办好一所大学，或许只是他的本分。但在办好大学的同时，还能关注社会的动态发展以及履行报国的义务，才令人敬重，也可以理解为只有关注天下事才称得上是时代的英雄。1929 年，胡适等人萌生了要办《平论》周刊的想法，目的就是说些公道的话，表达一些公平公正的观点而已。同年 3 月，徐志摩、梁实秋等人建议由胡适来担任《平论》主编，胡适推辞不掉只好答允了这个请求。几个人商定于 4 月 1 日出报。3 月 25 日，胡适为《平论》撰写了一份千字文，文章中毫不掩饰地指出："近两年来，国人都感觉舆论的不自由。在'训政'的旗帜之下，在'维持共信'的口号之下，一切言论自由和出版自由都得受种种的钳制。异己便是反动，批评便是反革命。报纸的新闻和议论至今还受检查。稍不如意，轻的便停止邮寄，重的便遭封闭。所以今日全国之大，无一家报纸杂志敢于有翔实的记载或善意的批评。"

随后，文章还深刻地分析出缺少言论自由所产生的后果，认为这是一个国家或民族最严重的问题。然后又提出了要思想自由、言论自由以及出版自由的呼声。通过这一点也足以看出胡适对自由的迫切要求以及自身高尚的一面。接下来，胡适又发表了一篇名为《我们对于政治的主张》的文章，文章中指出："我们都没有党籍，也都没有政治派别。我们的唯一目的是对国家尽一点忠心。所以我们的政治主张不用任何党义做出发点。我们的出发点是中国的实在需要，我们的根据是中国的实在情况。"

"我们不想组织政党，不想取什么政党而代之，故对现在已得中国政权的国民党，我们只有善意的期望与善意的批评。我们期望它努力做得好。因为我们期望它做得好，故愿意时时批评它的主张、组织和实际的行为。批评的目的是希望它自身改善。”

第一个问题，党的地位应该和民治国家的议会相仿；第二个问题，党政机关应该精简机构，各级党部的经费问题应该统一被管理，并由党费支付；第三个问题，立法、司法、监察、考试都应该和行政一样独立，不受任何党政机关的牵制；第四个问题，军队机构和人数过于冗余，应该予以裁减；第五个问题，国家最终应该依靠联邦制实行管理。

胡适随后又撰写了一些文章，对人权问题进行探讨。他在《知难，行亦不易》中，对孙中山提出的“行易知难”说提出了批评，又对孙中山的《建国大纲》提出质疑。胡适甚至在《新文化运动与国民党》中批评国民党的本质就是反动的，整天研究的是如何摧残思想自由，妄图通过压迫言论自由达到统一思想的目的。

胡适的这些文章发表以后，立即引起了轩然大波。包括蔡元培、张孝若等人都对胡适的这种批判精神表示敬佩。针对这些批评文章，有人提出不同观点也是正常的。但在北京、上海、天津、江苏等地的国民党党部却万分恐慌起来，他们召开紧急会议，认为胡适在公然侮辱国民党，诋毁国民政府。

没过多久，教育部便奉命向中国公学以及胡适提出了警告。对此，胡适在写给时任教育部部长蒋梦麟的信中，坚决地表达了自己的看法：“这件事完全是我胡适个人的事。我做了三篇文字，用的是我自己的姓名，与中国公学何干？你为什么‘令中国公学’？该令殊属不合，故将原件退还。”

而此时的《纽约时报》也撰文指出，胡适正在用自身的实际行动捍卫着思想自由。他也是中国最富有建设性的领袖之一。《纽约时报》认为胡适之所以谴责国民党，不是因为自身的政治报复，而是他那种不畏强权、直言不讳的精神让他敢于说出自己的想法。在国民党当政之下，一切表面的美丽胜景都是假象。他这样做无非就是道明真理。

尽管《平论》因为种种原因没有问世，但是由此展开的活动却一刻也没有停止。1930 年 4 月，胡适又撰写了《我们走那条路》，他在文章里说 ：“我们几个朋友在这一两年中常常聚谈中国的问题，各人随他的专门研究，选定一个问题，提出论文，供大家讨论。去年我们讨论的总题是‘中国的现状’……今年我们讨论的总题是‘我们怎么解决中国的问题’。”胡适在这篇文章里提出中国的真正问题是愚昧、疾病、贪腐、贫穷，想要解决这些问题绝对不能采用专制的方式，而应该采用科学的知识，逐步对社会进行改革。

胡适的这些想法的出发点是好的，但鉴于当局施加的压力，他不得不辞去中国公学校长的职务。1930 年，他正式提交了辞呈，虽然学校董事会对其进行了几番挽留，但还是接受了他的辞职请求，并让马君武接任他的职务。

4. 投身于北京大学

离开中国公学的胡适，来到北京大学出任文学院院长一职，为振兴北京大学做出了杰出的贡献。抗战爆发之后，他担任中国驻美大使。1945 年，时任教育部部长的朱家骅邀请胡适到北京大学任职，在他回国之前，暂时由傅斯年代理校务。9 月 6 日，当国民政府正式下达任命通知之后，很多学者都表达了内心的喜悦。在他们看来，由胡适主持北京大学，是最大的幸事，这对北京大学的复兴极其有利。而且一些在国外治学的专家和学者也表示，只要胡适来北京大学主持校务，将会义不容辞地尽快回国。这也可以看出，北京大学的复兴以及中国学术上的进步，与胡适有着非常密切的关系。

1946 年 6 月初，胡适在处理完国外事务后，从美国启程抵达上海，回国后的他受到各方面的欢迎。

归国之前的胡适就曾考虑过发展尖端科学的问题。他曾和当时著名的物理学家饶毓泰商议，并聘请钱学森、汪敬熙、黄昆、李四光、张文裕、彭桓武、马仕骏、张宗燧等人到北京大学任教。在饶毓泰的建议下，工学院院长由钱学森担任，但由于一些原因没能实现。1947 年，胡适还亲自写信给白崇禧、陈诚，建议北京大学应该涌入更多优秀的物理学家，专心研究原子能。

1946 年 10 月 10 日，胡适参加了北京大学的开学典礼，并发表了演说。在当时的开学典礼上，胡适身穿长袍，戴着一副黑边眼镜，他首先系统地将北京大学数十年的历史发展分为 6 个阶段：第一个阶段是 1898 年到 1916 年的“初办时期”，当时的北京大学有着浓重的官僚作风；第二个阶段是 1916 年到

1927年的“革新时期”，在此期间，北京大学进行了革新，并成为五四运动的发源地；第三个阶段是1928年到1931年的“过渡时期”，在此期间，北京大学饱受歧视，甚至成为北平大学的一个学院；第四个阶段是1931年到1937年的“中兴时期”，此时的北京大学面临着很多困难，特别是受日本侵略的影响，使得学校的日常事务几乎处于停顿状态，但在蒋梦麟的领导下，学校在乱世中还是取得了一定的成就；第五个阶段是1937年到1945年的“流亡时期”，北京大学和清华大学、南开大学合并为西南联大，在条件最艰苦的时期继续发展教育事业；第六个阶段是抗战胜利后，北京大学由此也进入新的历史时期，此时的胡适希望每个学生都能独立研究，而不是人云亦云。

胡适在演讲结束后，再次强调独立思考、独立研究的重要性，他说：“你们大门上贴着欢迎我的标语，要求自由思想、自由研究，为什么我要你们独立，而不说自由呢？要知道自由是对外面的束缚而言，不受外面势力的限制与压迫，这一向正是北京大学的精神。而独立是你们自己的事，不能独立，仍然是做奴隶。”他还说：“学校当然要给你们以自由，但是学校不能给你们独立，这是你们自己的事。我是一个没有党派的人，我希望学校里没有党派，即使有，也如同有各种不同的宗教思想一样。大家有信仰自由，但切不可毁了学校，不要毁了这个再过多少年不容易重建的学术机关。”

最后，他还引用南宋著名思想家吕祖谦的名言“善未易明、理未易察”阐明了自己的主张：不要把自己当成神，自身的认识总是有局限性的，不要把任何一种思想当作金科玉律去信仰，这样不仅对自身发展不利，还可能被别人利用。

5. 不遗余力争取学术独立

胡适作为北京大学的校长，担负着学术研究的重任。在日常校务管理中，他不仅关注学术的发展，还关心学术独立的问题。在他看来，学术独立拥有两层含义：第一，学者自身要坚持独立的人格。第二，学界必须拥有独立地位。1946年，蒋介石在制宪国民大会结束之后，希望胡适能够担任国民政府委员并兼任考试院院长一职，蒋介石认为只有胡适可以帮他的忙，并给国家“撑脸面”。但胡适在致蒋介石电稿中重申：“北京大学此时尚在风雨飘摇之中，决不许适离开，道义上适亦不愿离开北大。万一命下之日，学校人心解体，不但北大蒙其害，亦甚非国家之福。故只有恳请我公许适不参加国府委员会，许适以超然地位继续为国家社会尽其绵力。”1948年，蒋介石再次抛来了橄榄枝，尽管胡适也认为蒋介石是真诚的，但他还是不愿意就此放弃学术研究。

除了保存学者自身的独立地位之外，就学术界来说，是否能真正独立也是值得关注的问题。1947年9月，胡适就向蒋介石提出“十年教育计划”，其中的主旨有：第一，在全国范围内选择10所大学，在10年的期限内分成两批向这些学校拨款，目标是建成国际一流大学；第二，反对过多地派人出国留学。与其将这笔钱用在学生出国经费上，还不如致力于国内大学的发展。胡适认为，如果在若干年之后，还有成千上万的人去日本留学，就说明中国真的需要反思了。他提出的“十年教育计划”，目的就是为中国学术界的独立打好基础。

胡适提出的这个计划很快在社会上引起强烈反响，他在当年参加的一次会议上，成功地为北京大学、武汉大学、中山大学、浙江大学等争取到一笔经费，虽然这笔经费因为内战的爆发而没能实现，但很多人还是对胡适赞赏有加。

二战爆发之后，世界格局发生了变化，甚至还有人鼓吹第三次世界大战也即将爆发。鉴于此，胡适在1947年5月召集到清华大学和北京大学等学校的学者和教授，组成了发表独立而公正评论的“时论社”。在这种情况下，胡适不仅亲自撰写评论文章，还会出席演说，以便呼唤民主和自由。5月18日，他在《眼前“两个世界”的明朗化》中明确指出，由于苏俄与美国根据自己的切身利益，都不愿破坏来之不易的世界和平，因此“至少在最近10年内，大概没有第三次世界大战的危险”。8月1日，他以“眼前世界文化的趋向”为题发表演说并提出世界文化最理想目标主要表现在：

首先，用科学的成就将人类的痛苦解除，以便增进人的幸福。

其次，用高度发达的社会化的经济制度来将人们的生活提高，并提升他们的满意度。

最后，用极具民主的政治制度让人们的思想得以解放，发展人们自身的才能，促成自由独立人格的养成。随后，胡适应竺可桢等人的邀请到武汉大学和浙江大学演讲。无论胡适走到哪所大学，都会得到学生们的热情拥戴，听者大多驻足而立，满怀激情地听着这位思想大家做出精彩纷呈的演讲。

1948年12月17日，这一天注定与往日不同。不仅是北京大学50周年校庆纪念日，还是胡适58岁生日，本来是个值得庆祝的大喜日子，但却是一个不寻常的校庆。

之前蒋介石就派人多次劝说胡适早点离开北平，胡适也知道之前的很多言论触犯到蒋介石的利益，但追求学术自由的他并不想就此罢手，于是一直在犹豫。12月13日，也就是校庆的前4天，胡适写了《北京大学五十周年》一文，其中说：“在世界大学的发达史上，刚满50岁的北京大学真是一个小弟弟……这个小弟弟年纪虽不大，着实有点志气。”他在文章中指出，北京大学经过多年坎坷的发展，逐渐变成一所具有深远影响力的大学，后来在蔡元培和蒋梦麟的主持下，也涌现出很多新风，并成为一个可持续发展的学术研究中心。然而，30年代初正当北京大学复兴之时，日本侵略者在沈阳发动“九一八”事变。当时，由于大家齐心协力、不畏艰险，要努力把这个身处逆境的学校办好，努力给北京大学的发展打下一个坚实而牢靠的基础，因此北京大学在那一段时期的国难之中，精神最可嘉、工作最勤快。在文章最后，胡适心情十分复杂地说：“现在我们又在很危险、很艰苦的环境里给北京大学做50岁生日。”“我讲这段故事，是要说明北京大学这个多灾多难的孩子实在有点志气，能够在很危险、很艰苦的情形之下努力做工，努力奋斗。”而这段话，就自然成了胡适与北京大学的临别赠言。

第二天，也就是12月14日，南京国民政府打来电话并发来电报，说飞机即将到达，请胡适尽快动身。胡适将北京大学的校务托付给汤用彤、郑天挺两个人之后，决定乘坐飞机南下，然而飞机没有如期到达。直到12月15日下午，胡适才与妻子等人登上“姗姗来迟”的飞机飞往南京。而在12月17日北京大学举行的50周年校庆之时，胡适自然就不能参加了。不过，胡适和妻子在未登机前，还是怀着复杂的心情在中央研究院礼堂参加了北京大学同学会举办的校庆大会，而这一次就是胡适与北京大学的诀别时刻。会上，胡适称自己是一名逃兵，并失声痛哭说：“我不能与多灾多难的学校同度艰危，实在没有面子在这里说话。”当会场的人听到胡适的这番话后，不禁潸然泪下，因为他们即将要与这位对北京大学立下汗马功劳的校长告别，显然这也是令他们最难以接受的事情。“天下没有不散的筵席”似乎也说明了一切，但胡适本人无论是对北京大学，还是对中国的教育事业，都是一个棱角分明、活灵活现的时代符号！

6. 胡适谈大学毕业后如何避免堕落

胡适在1932年7月3日出版的《独立评论》上写了一篇名为《赠予今年的大学毕业生》的文章。文章开门见山地指出："这一两个星期里，各地的大学都有毕业的班次，都有很多的毕业生离开学校去开始他们的成人事业。学生生活是一种享有特殊优待的生活，不妨幼稚一点，不妨吵吵闹闹，社会都能纵容他们，不肯破格地要他们负行为的责任。现在他们要撑起自己的肩膀来挑他们自己的担子了，所以在这个国难最紧急的年头，他们的担子真不轻！"随后，胡适在文章中对毕业生毕业后的出路进行了分析。胡适说："你们毕业以后，可走的路不出这几条：极少数的人还可以在国内或国外的研究院继续做学术研究；少数的人可以寻着相当的职业；此外还有做官、办党、革命三条路；此外就是在家享福或者失业闲居了。应该警惕的是，你们无论走哪一条道，都有可能堕落！"

在胡适看来，堕落可以分为两种：第一，将学生时代的求知欲望抛弃掉；第二，将学生时代的理想和追求抛弃掉。对于第一种，是因为当学生从学校走出而步入社会之后，或许会有一种"学非所用"的感觉，但还是能混口饭吃的。在这种情况之下，一些人便产生厌烦心理，把在学生时代的求知欲望逐渐冷却下来。对于第二种，是学生毕业后进入到现实的社会环境以后，发现社会是如此冷酷，梦想与现实相差太多，进而产生失落情绪。于是，曾经的那些崇高的理想、锐意进取的精神、不服输的勇气等，很快便销声匿迹。如此一来，一些人被现实击打得体无完肤或丢盔卸甲或成为俘虏。于是，学生们最初的那些梦想、勇气以及热情等，一时间都成为自欺欺人的美梦。至此，学生们便放弃了人生追求，心甘情愿地成为自暴自弃的人。那么，如何才能避免这些堕落呢，胡适根据多年来的治学经验提出 3 种方法。

第一种方法是寻找一两个问题去研究。为何非要是一两个问题呢？胡适认为，所有的问题是知识和学问的根本。从始至终的学问和知识，大多是处于要解决某一问题而衍生出来的。因此，学生们毕业离开校园之后，如果脑子里没有一两个问题存在，就难以保持着一种强烈的追求真理、追求学问的热情。胡适说："如果你有了一个真有趣的问题天天逗你去想他，天天引诱你去解决他，天天对你挑衅让你无可奈何他，这时候，你就会同爱一个女子发了疯一样，坐也坐不下，睡也睡不安，没工夫也得偷出工夫去陪她，没钱也得撙衣节食去巴结她。没有书，你自会变卖家私去买书；没有仪器，你自会典押衣服去置办仪器；没有师友，你自会不远千里去寻师访友。"从这些话中也可以看出胡适对其深刻而幽默的见解。

第二种方法是发展一些职业外的兴趣。胡适指出，很多学生毕业后首先会找一个"混口饭吃"的职业，假如这个职业和学生们自身的兴趣爱好相差太多，那么所谓的工作将会是一件极其痛苦的事情。因此，单纯为了谋生而违背自身兴趣的工作，是一件令人痛苦，也是让人看不到希望的事情。最好的解决方法就是找到职业以外的兴趣，这样一来，自身的业余时间就能充分利用起来。胡适一直认为，一个人的命运在很大程度上取决于对业余时间的利用情况，假如把业余时间利用在打牌上，或许会成为一个赌徒；如果把业余时间用在公益事业上，那么可能成为社会活动家以及改革者；如果利用业余时间多读书，或许还会成为一个知识分子。

第三种方法是要有一些信心。胡适曾颇有感慨地说：我们生活在一个不幸的时代，“眼中所见，耳中所闻，无非是叫我们悲观失望”。因此，“在这个年头不发狂自杀，已算是万幸了”，谁还奢谈什么自信？但胡适却认为，这也正是要培养信心的原因。只要有信心，才能得救。他还说：佛典里有一句话叫“福不唐捐”，唐捐就是白白丢掉的意思，因此我们也应该有“功不唐捐”的自信。其实在胡适的著作中，“功不唐捐”4个字经常会被提及，这也和他一直崇尚的“成功在于尝试”的理念相吻合。

纵观胡适的一生，他总是极富感召力地告诉人们：“朋友们，在你最悲观、最失望的时候，那正是你必须鼓起坚强的信心的时候。你要深信：天下没有白费的努力。成功不必在我，而功力必不唐捐。”

第十二章

“东大之父”郭秉文：持平办学，民主与效率兼顾

郭秉文谈大学精神：

“教育贵于薰习，风气赖于浸染。”

郭秉文在办学生涯中做了一件大事，那就是创建东南大学。由于他用自身的行动和努力，成功地将东南大学推到了“中国知名大学”的榜位上，因此他也被称为“东南大学之父”。民国时期，南京高等师范学校甚至和北京大学齐名，成为在中国高等教育事业上的“明星”。当郭秉文执掌改组后的东南大学后，无论是学术研究还是学风建设等方面都出现了前所未有的变化。可以说，无论是“南高”还是“东大”，郭秉文的身影一直伴随其中。也正因为如此，他才连同那个时代一起成为中国教育史上不能被遗忘的大家。

人物小传

郭秉文（1880—1969），江苏人，字鸿声，早年在上海清心书院求学，1908 年到美国留学，1914 年获得哥伦比亚大学教育学博士学位。回国之后，他便应邀参加了南京高等师范学校的创办工作，并先后在南京高等师范学校出任教务主任、校长以及东南大学校长等职务。郭秉文是一位在世界教育舞台上比较活跃且知名的中国教育家，他先后 3 次被选为中国教育代表出席世界教育会议，还被选为世界教育会副会长。

1. 参照美国模式谋发展

自从清末以来，在办学模式方面，中国大学大多参照日本，而日本又在参照欧洲。这种参照的情况到了民国时期也没有得到改变，只不过从参照日本变成直接参照欧洲。而对美国大学的参照方面，郭秉文在其中扮演着关键的角色。在东南大学的管理中，他一开始就积极努力参照美国大学的办学模式，无论是大学的选科制还是评议会，抑或是学校董事会等，都可以看见美国大学的模式。东南大学和当时极具声望的北京大学以及一些欧洲大学相比，其自身的美国模式有着几个明显的特征，即为了便于学校的行政管理，设立了董事会；在大学的职能定位方面，推崇“从社会中来，到社会中去”。

郭秉文在东南大学筹备之初，借鉴了世界知名学府哈佛大学以及哥伦比亚大学学校的图书馆经验，规定，谁愿意出资帮助建设图书馆，图书馆就可以以他的名号命名；如果是几个人集资建设图书馆，也可以将出资人的姓名刻在位于图书馆正厅的铜牌上面。当时的郭秉文在得知时任江苏督军李纯曾立下遗嘱，说将自己死后的一部分资产捐给天津南开大学用于建造校舍时，他亲自写了一封信给继任的江苏都督齐燮元，劝他可以通过独资的方式捐建东南大学的图书馆。齐燮元也深知将好事办在生前的道理，于是以其父的名义向东南大学捐赠了15万元，之后又募集接近2万元款项。这样一来，以齐燮元父亲为名的“孟芳图书馆”便正式成立，从而提高了东南大学的办学条件。

东南大学所崇尚的“到社会中去”，也可以理解为服务于社会。在郭秉文看来，要让大学生走出象牙塔，将活动扩展到学校之外，让学生和社会之间形成紧密互动，以便真正服务于社会。也就是说，大学生除在学校里接受高深的学问之外，还应该积极地走向社会，为社会发展多做贡献。而这也成为美国大学模式最显著的特征。正是郭秉文在东南大学的管理中所崇尚的这一精神，才为东南大学的发展奠定了基础。

1920年，郭秉文在南京高等师范学校任职期间，他在全国开创性地开办了暑期学校，他不仅亲自到学校里授课，而且还不遗余力地请到在当时极具声望的人物，如胡适、陈衡哲、梅光迪等人。这在当时引起了不小的轰动与反响。当时有来自全国17个省份的1000多人报名参加考试，在这些人群中，年龄最小的有16岁，最大的则接近60岁。1921年南京高等师范学校改为东南大学后，继续开办暑期学校，但此时学校邀请来越来越多的国内及国外的知名学者和人物，有美国的杜威，德国的杜里舒，国内的胡适、梁启超等。而这一次学生的总数高达2000人。

除了开办暑期学校之外，郭秉文还推行了其他一些举措。比如推广平民教育，满足大多数人对求知的渴望；开办具有义务教育性质的昆明学校和明陵小学，让那些失学的儿童接受教育；到农村通过农业展览、科技普及、技术推广等方法，向农民宣传种植、病虫害防治等方面的知识；开办商科学校和商科补习学校，为社会上那些有志青年提供学习和补习的机会。

2. 从“南高”到“东大”的漫长过程

1908年，步入而立之年、工作12年的郭秉文决定放弃工作到美国留学。他首先来到位于俄亥俄州的乌斯特学院主攻理科。1911年，毕业后的郭秉文又来到哥伦比亚大学专心攻读教育学。

成立于1887年的哥伦比亚大学教育研究生院是美国极具盛名的教育学院，当时该学院云集了很多大师名家，如实验主义教育大师杜威、著名教育家孟禄等。郭秉文就读的哥伦比亚大学在管理上可谓颇具特色，最突出的特点就是能凸显民主精神。这些都被郭秉文看在眼中，也成为他日后执掌东南大学所必备的经验。而在郭秉文之后，国内很多教育大家，如胡适、蒋梦麟、陶行知等人都到过该学院学习，日后也都成为中国教育界的领军人物。

1914年，在哥伦比亚大学正准备博士论文的郭秉文，收到了江苏省的邀请回国任教。当时国内正商讨设立南京高等师范学院，学院在名义上是国立的，因此江苏省教育局便负责筹备。由于郭秉文主修的是教育学，还是江苏人，因此被委以重任。此外，郭秉文还收到正在筹备中的南京高等师范学校校长江谦的聘任书，热情邀请他出任教务主任一职。

创立于1903年的三江师范学堂是南京高等师范学校的前身。1905年，出于对两江总督管辖地相互一致的要求，三江师范学堂改名为两江师范学堂，还被定位为优级师范学堂。从1911年开始到1913年，南京城遭受着炮火的洗礼，致使学堂一度处于停办状态。而当时也恰逢全国临时教育会议在南京召开，并提出要在南京建立高等师范学校以及大学的计划，这才让处于战乱中的两江师范学堂得以重生。1914年，江谦被任命筹备南京高等师范学校，而他首先想到的就是在美国深造、即将拿到博士学位的郭秉文，于是便邀请其任南京高等师范学校的教务主任。

做完博士论文并顺利拿到毕业证的郭秉文不负江谦的重托回了国，两个人齐心协力筹备南京高等师范学校。他的目标只有一个，就是要将在国外所学的运用到国内的教育事业上。1915年，南京高等师范学校正式向外招生。令人称赞的是，江谦本人国学根基非常深厚，而郭秉文本人也通晓中西方的教育，就这样，两个人的合作不仅融洽，还能最大限度地贡献各自的学识和力量。1918年，郭秉文接替因病调休的江谦，一年之后，他也正式接到教育部的任命，由他担任南京高等师范学校校长一职。

当时正值五四运动时期，郭秉文开始对南京高等师范学校进行一系列卓有成效的改革，其中的一项改革就是废止“女禁”，倡导男女在同一学校学习。“五四”之前的中国高校里，很多学校只招男生根本不招女生，个别私立大学和教会大学除外，这就是在中国教育史上著名的“女禁”。在1920年的暑期，南京高等师范学校正式向女生敞开了怀抱。郭秉文考虑到该改革可能会遭到一定的阻力或指责，为了让改革顺利开展下去，他说服其他一些大学，如北京大学、南开大学等，全面开放“女禁”。该改革很快便传向四面八方，一时间，郭秉文听到了很多来自社会上的流言蜚语，甚至连老校长江谦也表示反对。之后经过郭秉文等人的多方解释，招收女学生的考试才得以如期开展下去。当时一些女生都是不远千里来到南京高等学校报名，在她们眼中，南京高等师范学校与北京大学相比，少了很多官僚作风，多的是一些民主。可以肯定的是，郭秉文对“女禁”的改革，为中国高等教育史揭开了崭新的一页。

1920年4月，郭秉文提出建立东南大学的建议，当时就获得与会人员的一致赞同，很快便成立了筹备委员会。郭秉文通过努力，在 9 月 25 日，联合蔡元培、张謇等人上书教育部，在南京师范大学的基础上创立东南大学。该提议直到 12 月 7 日才迎来喜讯：北洋政府同意了郭秉文的提议，通过南京高等师范学校筹办大学的议案，将其改名为国立东南大学。

在郭秉文的支持下，国立东南大学历经几年的发展已经名声鹊起，从学科设置方面来看，东南大学在学科覆盖面上比北京大学和中山大学都要多，因为当时北京大学只设立了文理科和法科，中山大学只设立了农科、法科以及文理科。而从师资方面来看，东南大学的师资力量也是其他大学所不能比拟的。当时美国著名的教育家孟禄博士在考察东南大学之后，对其盛赞不已，并对郭秉文在治校方面取得的成就钦佩不已。可以说，东南大学的成功创建是郭秉文教育生涯中最为重要，也是最为辉煌的一件大事，他为东南大学日后的发展奠定了良好的基石，也因此被人们称为“东南大学之父”。而他主持的国立东南大学在中国教育史上也留下“中国第一所现代国立高等大学”的芳名。在之后的 1927 年，东南大学经历了多次改名——国立第四中山大学、国立江苏大学、国立中央大学、国立南京大学，最终于 1950 年定名为南京大学。

3. 郭秉文和他的“寓师范于大学中”

进入民国以来，随着科举制度的废除以及各类学堂的建立，中小学教师大多会由专门的师范院校进行培养。中国大学的设置标准在1922年的《壬戌学制》颁布后有了明显的变化：可以设置单科大学，也就是从那时起，对于高等师范学校升为独立的师范大学还是合并到综合性大学的问题上，各方出现了明显的争论。

对于这样的问题，郭秉文和蔡元培争论得最为激烈。在蔡元培看来，“学”和“术”不能简单地归为一类，应该有所区别，“学”是学理和知识，“术”是知识的应用。而高等学校应该予以正确定位，农科、工科、医科更偏重于应用，应该称为“高等专门学校”，而文理等科更偏重于研究，因此称为“大学”。在蔡元培出任北京大学校长时，他将北洋大学的法科并入北京大学，而将北京大学的工科调入北洋大学，还停办了农科。

郭秉文对蔡元培这种将“学”和“术”分离的做法表示不赞同。多年来在美国哥伦比亚大学接受西方教育模式的他，对美国的师范教育模式十分推崇。他也一直认为应该将高等师范学校并入综合大学中，使其具有培养师资力量的功能。在他看来，只有“寓师范于大学”才能培养出优秀的教育工作者。因为中学以上的教师首先应该具有博学的知识，也应该是个道德操守过硬的人。

在当时学科单一的师范院校中，想要真正提高教师队伍的质量异常困难。但假如是在一个学科齐全、门类清晰的综合性大学里，这种情况便能得到有效解决，既可以解决好教师质量的问题，还能最大限度地发挥出教师队伍的专才。

通过对综合性大学里面的优秀人才精心训练，才会培养出学识渊博的优秀教师。因此教师的培养就不应该局限于师范类院校。其实，无论是南京高等师范学校还是东南大学，都为郭秉文试验这一思想提供了条件。郭秉文在南京高等师范学校期间，就以自己在美国哥伦比亚大学的亲历为依据，将南京高等师范学校建设成一所拥有不同学科的综合性大学。也可以说其在创立之初就一直在积极地拓展科系。因为在1915年，南京高等师范学校只有国文科和理化科，经过5年的发展，已经拥有国文、体育、商业、农业、教育、英文等多个科系，也明显具备现代综合性大学的雏形。同年4月，郭秉文见时机成熟，便正式提议将南京高等师范学校建成东南大学。同年11月，教育部同意将南京高等师范学校的农科、工科、商科、教育科4个专修科改归为大学，其余的各本科仍然由南京高等师范学校办理。因此，在1921年东南大学正式成立之际，两个学校处于双轨制运行状态中，而郭秉文也同时任两个学校的校长。此时的他又为两个学校的合并一事筹划着。1923年，南京高等师范学校成功和东南大学合并。此时的东南大学无论是教员数量还是学生人数，都具有相当的规模。东南大学取得的成绩在当时引起了一致的好评，也传来社会各界的赞许声。至此，郭秉文“寓师范于大学”的教育理念也最终被人们接受。

4. 突如其来的易长风波

1925年1月7日，注定是改变郭秉文命运的一天。这一天，他从一份报纸上得到了一个让他久久不能平静的消息：教育部发布训令，训令的内容是要免去自己东南大学校长的职务。对于这突如其来的免职，其背后最根本的原因是时局的剧变。当时正处在军阀混战、各方派系纷争的年代，东南大学所在的江苏省也处于直系军阀的管控之下。1924年12月，江苏督军齐燮元遭到北京政府的讨伐，面对汹涌如潮的讨伐大军，齐燮元招架不住，最终逃亡上海。齐燮元的下台对于郭秉文来说是厄运的开始。郭秉文在教育方面本来是个主张独立，且不愿过问政治的学者。但自己不过问政治，并不等于会摆脱政治的干扰。东南大学作为国立大学，其经费的百分之六十都出自于江苏省财政，在这种情况下，郭秉文必然要与齐燮元打好关系。事实上，齐燮元也给予郭秉文最大限度的支持。在这种情况下，两个人之间的交往就被段祺瑞的北京政府视为异己，于是在1925年1月6日的会议上，通过了免除郭秉文东南大学校长一职的决议。第二天，郭秉文就得知此消息。在很多人看来，如此快速且急不可耐地将一位大学校长免职的行为，实属罕见。

得知自己被免职的消息后，郭秉文立即给教育部和东南大学各发了一封电报，电报中并没有流露出对免职的怨恨，只是嘱咐学校要继续开展学业，让学校的各项秩序继续开展下去，还希望教育部能尽快选出一名新校长到东南大学任职，以便对学校进行管理。东南大学的学生们听到郭秉文被免职的消息后，立即炸开了锅。学生自治会随即便发表了全体学生宣言，对免除校长郭秉文一事表示强烈的反对和抗议。同时，东南大学的一些教员也以全体教师的名义紧急致电教育部，要求他们对此事给出合理解释。另外，东南大学行政委员会也向其他大学校长寻求帮助，让他们帮助维持局面。

不仅如此，社会各界的知名人士和专家学者也对郭秉文被免职一事提出了质疑。很多人甚至直呼：东南大学没有郭秉文将无法运作下去，希望当局能够挽留教育界的这丝生机。2月1日，东南大学校董会召开会议，决定对教育部免除郭秉文校长职务一事予以否决，请他再次担任东南大学校长一职，先到国外避避风头。23日，郭秉文以受东南大学校董事会的委托为名，远赴美国考察教育。本想这场“易长风波”就此告一段落，但郭秉文的离去并没有让事态平息下来，教育部派胡敦复到东南大学任职，当此人来到校长室，让教员交出学校印章等物时，学生们各个表现出愤慨，对胡敦复拳脚相加。无奈之下，教育部在3月11日宣布解除东南大学校董事会，但东南大学所有教授召开紧急会议，致电教育部，让他们取消这个决议。4月18日，教育部仍然执意让胡敦复出任东南大学校长一职，但再次遭到东南大学教员和学生们的抵制。胡敦复要求江苏政府派出军队保护其进驻东南大学，但却遭到拒绝，东南大学学生闻讯后立即将大门紧锁。随后，由东南大学教员在内的数十人发表了联合声明，坚决抵制胡敦复进入校门。就这样，“易长风波”持续了一年多时间才得以平息。虽然郭秉文没有回到东南大学，但被教育部钦点的胡敦复也没能进入东南大学校园。1926年1月，东南大学全体师生举行了备受世人瞩目的校耻周年纪念大会。会上，一些教授发出这样的心声：“东大人不受武人政客利用，东大人不做武人政客傀儡，此足可引为自豪者！”这也足以看出东大人的风骨峭峻，以及郭秉文在东南大学的影响力。

5. 郭秉文提倡的“平”的内涵

郭秉文在执掌东南大学期间，秉承的是一个“平”字。他从儒家经典《大学》中的“修身齐家治国平天下”得到启发。在他看来，这句话中的“平”字是治学最好的座右铭，因此他能够将其运用在东南大学的办学中。郭秉文所理解的“平”字是：人文和科学之间要做到平衡，通才和专才之间要做到平衡，学校师资和教学设备之间要达到平衡，国内和国际上要趋于平衡。这其中对中国当代教育最有启发意义的有：通才和专才之间要做到平衡，人文和科学之间要做到平衡。前者就已经在郭秉文所提倡的“寓师范于大学中”有所体现。而东南大学在人文和科学之间的平衡方面也得到外界的盛赞。从那时流行的“北大以文史哲闻名，‘南高’以科学著称”这句话就可见一斑。

南京高等师范学校以科学著称，大概要从中国科学社进驻说起。早在1914年6月在美国成立的中国科学社，与南京高等师范学校同一年诞生。当时中国的一批留美学生意识到只有科学发明才是国家进步的根本，于是便成立了中国科学社，其中就包括任鸿隽、杨杏佛、赵元任等人。南京高等师范学校成立之时，中国科学社的核心成员也都在美国留学，由于此时的郭秉文也在美国留学且经常参加各种社交活动，还担任着赴美中国留学生联合会会长一职，因此，在他强有力的感召下，这些人毕业回国后陆续来到南京高等师范学校任教。1918年中国科学社从美国迁回到国内，并在南京设立了总部。科学社的成员都来到南京高等师范学校。1920年，南京高等师范学校改组成东南大学之后，此前中国科学社的成员，如梅光迪、陈忠凡、陆志伟、陈衡哲、汤用彤在东南大学文科任教，竺可桢、任鸿隽、张子高在理科任教，胡先、邹秉文在农科任教，茅以升在工科任教，杨杏佛在商科任教，陶行知、陈鹤琴在教育科任教。

随着东南大学和中国科学社关系越来越密切，很多人也将东南大学称为“中国科学社的大本营”，而双方之间的关联也形成了东南大学注重科学的特色，使其迅速成为中国科学发展最重要的一个基地。

此外，东南大学《学衡》杂志的创办和学衡派的形成也是郭秉文所提倡的在人文和科学之间得到平衡的集中体现。1922 年 1 月，东南大学《学衡》创刊号由中华书局出版。在创刊号的“弁言”中，东南大学教授柳诒徵便解释了该刊的宗旨：“以中正之眼，行批评之职事”，以“无偏无党、不激不随”的态度“论究学术，阐求真理，昌明国粹，融化新知”。《学衡》从 1922 年到 1933 的 11 年间，先后出版了将近 80 期，这在当时都产生了异乎寻常的影响。东南大学因为出版《学衡》而形成的“学衡派”，成员也都是东南大学的教授，如梅光迪、胡先、吴宓等。

梅光迪说：《学衡》旨在“阐扬旧学、灌输新知”，其手段则是“对于一切流行偏激之主张，时施针砭”。之前的一些人在评价东南大学的“学衡派”时，往往是戴着有色眼镜对其进行评价，简单地认为其只是保守派的代名词，但随着对他们的深入研究，却发现“学衡派”与众不同的学术风骨，这也改变了一些人对其固有的印象。

让人们欣慰的是，东南大学以发展科学为目标的精神，不仅落到实处，如将中国科学社众多的骨干成员如梅光迪、胡先、吴宓等人揽入怀抱，而且还将郭秉文提倡的人文和科学平衡的精神发扬光大。

6. 郭秉文对东南大学的贡献

南京高等师范学校主要以训练和培养中等学校师资为主要任务，最初的科系设置非常少，之后陆续增加了国文、英文、体育、农科、商科、工科等专修科，其中的农科、工科、商科专修科虽然和高等师范学校没有太多的关联，但出于社会培训的需要，还是将其保留下来。同时，郭秉文也积极地招揽人才，筹措经费。这些不仅为南京高等师范学校向东南大学的转变奠定了基础，很多新设置的科系也在开创风气上产生极大的影响，特别是体育和教育这两科最为显著。到了东南大学时期，科系也更加明细，当时除了理科在全国闻名外，农科、商科等也都具有一定的规模。因此，当时的东南大学称得上是一所规模大、学科多的现代化大学。

在建校方面，郭秉文有自己的一套理想，他曾针对学校的扩充绘制了一份蓝图。在这份蓝图中，他对东南大学校舍的建造格局、对图书馆的选址等都有明确的规划。这不仅让郭秉文倾注了很多精力，也成为以后学校重要的参考资料。

燕京大学已故校长司徒雷登在其回忆录《在中国五十年》一书中，对郭秉文在南京高等师范学校以及东南大学办学中取得的成绩充满赞誉。在他看来，郭秉文“延揽了50位留学生，每一位都精通他自己所教的学科”。

任教于文科的有：刘经庶、汤用彤、陈衡哲、陆志韦、杨杏佛、朱君毅、凌冰；

任教于理科的有：任鸿隽、竺可桢、胡刚复、熊正理、孙洪芬、张准、熊庆来、王进；

任教于农科的有：胡先骕、陈焕镛、陈祯、邹秉文；

任教于工科的有：茅以升、涂羽卿、沈祖玮；

任教于教育科的有：陶行知、陈鹤琴、郑宗海、廖世承、徐则陵、程其保、孟宪承、汪懋祖；

任教于国文科的有：王伯沆、柳诒徵、蒋竹庄、钱基博、吴梅、陈钟凡、王易；

任教于英文科的有：张士一、楼光来、吴宓、梅光迪、李玛利、林天兰；

任教于体育科的有：卢颂恩、张信孚；

任教于商科的有：李道南、沈兰清、胡明复、陈长桐、潘序伦、瞿季刚、林振彬、孙本文。

此外，一些国内外知名的客座教授也被郭秉文邀请到学校中。国内的有梁启超、顾维钧等人，国外的有美国杜威、孟禄，英国的罗素，印度的泰戈尔等。

郭秉文聘请的教授，大多都是留学美国且具有高深造诣的学者。他之所以能够网罗到这些一流教授，归功于他在留美期间广泛的人脉以及自身的博学多才，从这一点就可以看出郭秉文与众多中国大学校长的与众不同。

郭秉文在建设校舍与充实设备方面也做出了不少贡献。南京高等师范学校在开办初期接管的是两江师范学校的校舍，自从两江师范学校停办后已经荒废多年没有使用，自然也变得破旧不堪。郭秉文负责日常校务期间，先后添建了工科大楼、农科大楼以及体育馆，而体育馆新添置的设备，在当时全国大学里也是数一数二的。而在科学馆的建设上，由于政府当时经费紧张，郭秉文想到向美国洛氏基金会寻求经费上的帮助。该会派人对学校进行调查后认为，东南大学无论是师资力量还是教学设备都具有一定的基础，便捐助了 20 万美元，作为东南大学建造科学馆的经费。郭秉文通过努力得到经费支持，可以说是中国国立大学接受海外基金会援助的第一例。科学馆建成之后，该基金会又先后捐助仪器设备等。注重科学的东南大学，也因为有了新建科学馆，学风变得更加浓厚起来。

就这样，东南大学很快便一跃成为闻名于全国的高等教育学府，在中国大学教育史上也留下了光辉灿烂的一页。从南京高等师范学校到东南大学，师资力量、教学设备以及科学研究等都是其他大学所望尘莫及的。最为显著的例子就是在各省派出的留美公费留学生考选中，很大一部分录取生就出自于南京高等师范学校和东南大学。他们在各个领域都取得了令人瞩目的成绩。很多毕业生在之后的回忆录中都表明，母校是造就科学人才的摇篮。

这些成就的取得与郭秉文的个人努力是分不开的。他网罗了大量优秀的师资，引进当时最先进的研究设备，改善求知环境，培育出令人神往的学术自由之风和务实的探索精神。这些都是成就“南高”和“东大”最关键的因素。

第十三章

“数学泰斗”熊庆来：八年留学，尽瘁于学术事业

熊庆来谈大学精神：

“盖大学不仅是培养人才的机关，而同时是学术发展之源泉。”

他是我国传播西方近代数学的奠基者，也是开拓中国近代数学教学、培养数学人才的导师。他确立了“科学救国”的理念，以持续培养人才为己任，凭借鞠躬尽瘁的精神创建中国第一个数学研究所以及《中国数学学报》，并如同伯乐一般发掘并培养了一大批人才。他的个人魅力令人钦佩，他对云南大学做出的贡献无人可比，他就是“数学泰斗”熊庆来。

人物小传

熊庆来（1893—1969），云南人，字迪之。1911 年考入云南高等学堂学习，1913 年远赴比利时学习采矿技术。1915 年到 1920 年在法国深造，并获得格伦诺布尔大学和蒙彼利埃大学两所大学的心理学硕士学位。1921 年，在南京高等师范学校以及清华大学任教。1931 年，他再次前往法国，专攻函数学，获得博士学位后回国。1937 年开始担任云南大学校长一职，之后便从事教学以及函数研究等工作。

1. 确立“科学救国”的思想

20 世纪初期，年少的熊庆来走出闭塞的云南弥勒，来到省城昆明求学，正因为他迈出的这一步，才注定日后他在教育事业上取得的瞩目成就。当时，熊庆来目睹了云南发生的两起事件，第一起事件是清廷在违背民意的情况下，将云南七府的矿产开采权交到英国和法国殖民侵略者手中。第二起事件是英国和法国侵略者公然侵占位于云南泸水县的片马。这件事引起昆明学生的反对，义愤填膺的学生们上街请愿，熊庆来也参加了此次爱国运动。武昌起义之后，孙中山提出“世界大同”的理念深受熊庆来的敬仰。他和同学们一同向都督府请愿，渴望社会得以进步。他在出国不久写给家人的信中，明显地表达出自己的爱国思想：“廑念祖国危亡，云南尤殆，要励志向学，勿浪掷分寸光阴，务以造就有用之学，回来报效祖国。”

1913 年，熊庆来远赴欧洲开始了留学生涯。在一些有着卓越成就的人物，如居里夫妇、巴斯德、普旺卡烈等人的影响下，尤其是被巴斯德自身表现出的科学救国精神影响下，熊庆来形成了“科学救国”的思想及理念，认定“只有科学，才能将中国建设成现代化的国家”。

留学生涯结束后，熊庆来带着“科学救国”的理想回国，他将培养人才视为“科学救国”最重要的根基。于是他回国之后的数十年间，先后创办了东南大学、清华大学、云南大学数学系，并在云南大学任职 12 年之久。他对教育事业的钟情与努力，不仅培养出一大批优秀的人才，也为他赢得了赞誉。

熊庆来所倡导的“科学救国”思想，体现在很多方面，如学术研究以及推动科学事业的发展等方面。在清华大学时期，他参加了审定数学名词，并创立了中国数理学会和清华大学算学系研究部。他也是第一个有机会出席世界性数学家大会的中国代表。他定义了享誉世界的“熊氏无穷级”的数学定理，并将闻名于世界的法国籍数学家哈达玛以及美国数学家温纳邀请在一起讲学，开了中西方数学家交流的先河。在云南大学任职期间，他提倡的“科学救国”思想有了新的延伸——注重培养研究风气。此举也让云南大学出现了空前良好的学术氛围和研究风气。可以说，熊庆来在倡导学术研究以及推动科学事业发展等方面做出的贡献，是其他一些大学校长所望尘莫及的。

2. 熊庆来的数学之路

纵观熊庆来的一生，数学可谓与其始终相伴。1907 年，熊庆来考入昆明的云南方言学堂。1911 年，他考入云南英法文专修科。1913 年，他成为留学比利时的第一批公费生。同年 6 月，他便进入比利时包芒学院预科学习，但由于一战的爆发，他最初攻读的矿业不得不就此终止，最终他只能改读理科。在此后的留学生涯中，他先后在包括巴黎大学在内的多所大学学习，取得了高等算学、理论力学、理论天文学、高等物理学等多个证书，还获得理科硕士学位。

1921 年，学成归国的熊庆来被东南大学聘请到数学系任教授兼系主任。从当时中国数学的发展来看，用“萌芽”二字形容最恰当不过。东南大学算学系教授中，只有熊庆来一个人，所有关于高深数学的课程都压在他一个人身上。此外，由于缺少现成的教材和讲义，这一切都需要熊庆来自己动手去做。对于这种挑战，熊庆来并没有退缩，而是想尽一切办法让算学课程开展下去。在任职期间，他讲授了 10 多门高深的算学课程，还编写了很多讲义，这些讲义也为此后的算学教授提供了重要的参照依据。

1926 年，清华大学邀请熊庆来参与筹办算学系。经过不到一年的努力，清华大学算学系在他的主持下正式成立。熊庆来在建系规划、课程讲解等方面都做出了努力。在此期间，他又编写了多种讲义与教材。其中《高等算学分析》由于教授效果好，收录到第一批《大学丛书》，并于 1933 年被商务印书馆正式出版。1932 年，熊庆来代表中国数学界参加了在瑞士苏黎世举办的国际数学家大会。会后，为了更深入地研究数理，他决定在巴黎从事数理研究工作。

经过思考，他将函数论作为研究的主攻方向。在这一研究领域，法国著名数学家伯莱尔已经在穷级整函数值的分析问题上取得了一定的成果，但无穷级函数方面却还没有取得令人满意的结果。鉴于此，熊庆来对后者进行了深入系统的分析，最终发表了一篇名为《关于无穷级整函数与亚纯函数》的论文。在该论文中，熊庆来所定义的“无穷级函数”，轰动世界，在国际上也称为“熊氏无穷数”，该定义也被载入世界数学史册中。

20世纪50年代，一本名为《关于亚纯函数及代数体函数，奈望利纳的一个定理的推广》的函数论书稿被收录到法国出版的《数学科学论文集》中。该文集在国际上都享有盛名，这也从一个侧面反映出熊庆来在数学方面取得的成就。

1957年，熊庆来回国之后便在中国科学院数学研究所担任研究员一职，主要的工作内容就是负责研究函数论。在此后的一段时期内，熊庆来先后发表了多篇在国际上引发关注的论文，一些论文也成为国外一些大学讨论研究的对象。不仅如此，在中国现代数学史上，熊庆来还是位见证人以及满腔热忱的参与者。早在1931年暑期，熊庆来和中国近代数学的多位拓荒者，如苏步青、姜立夫等人，相聚在杭州西湖，探讨数学学术语，随后便举行了中国首次数学名词的审定会。1935年，在熊庆来的发起之下，中国数学会在上海成立，熊庆来担任首届理事。熊庆来在函数论方面取得的傲人成果，使其顺理成章地成为中国著名的数学家。从他毕生和数学打交道的历史来看，他也赢得了“中国近代数学的先驱”“西方数学在中国的播种者”等众多美誉。

3. 持续培养人才——熊庆来最好的教育经验

1931年，熊庆来在清华大学算学系担任系主任，他在《科学》杂志上看到一篇名为《苏家驹之代数的五次方程式不能成立的理由》的论文。通篇仔细阅读之后，他将目光投向论文的作者，也是一个在他看来异常陌生的名字身上——华罗庚。通过打探得知，华罗庚初中毕业后便辍学在家，之后在金坛中学只是个普通的庶务员。熊庆来意识到华罗庚是个值得培养的人才，于是他很快将华罗庚安排到清华大学，让他一边工作，一边旁听数学课程。一段时间之后，华罗庚便以出众的表现成为驰名中外的数学家。这也是熊庆来慧眼识才的真实写照。

其实，这只是熊庆来以发现人才和培养人才为己任的教育家的一个缩影。从他早年投身于教育事业到晚年的教育生涯中，熊庆来用毕生的精力为中国教育事业做贡献。他用自己的努力，为东南大学、清华大学以及云南大学等创建了数学系，并培养出许多教育家。

熊庆来非常重视学生的必修课，对于那些必修的课程，他总是千方百计地让学生们熟练掌握。此外，他还喜欢出一些难度大的启发性题目，也就是说，一个题目往往需要很多步骤以及需要思考多时才能解答出来，这无疑能开拓学生们的思路。在教学中，他经常说："数学研究工作，可贵者在于牵涉之广。"很多学生就是通过这样严格的训练，打好了牢固的基础，并开拓了思路。熊庆来认为，学生取得成绩的好坏与所聘请的教授之间有很大关系。因此，他在优秀教师的选聘上非常在意。他还认为对学生们的严格要求才是学生们日后成为人才的关键。因此他加强了校风整顿，并推行一系列严格的考试制度，目的就是纠正和遏制考试中出现的种种问题。

在倡导学术研究方面，熊庆来积极开展各类学术活动，这无疑最大限度地活跃了校园气氛。在他看来，大学之所以重要，不在于其存在，而在于其学术与精神。为此，一方面，他大量购置各类名家的著作以及期刊，拓宽学生们的阅读视野。另一方面，他热心倡导学术交流。在清华大学期间，他聘请到多位国际知名的数学家来学校开展学术交流。在他的积极推动下，他甚至将讨论搬到自己家里，研究生、教授等人坐在一起，相互切磋学术，这对推动学术的发展起着非常重要的作用。

为了培养良好的研究风气，在学术刊物以及丛书的出版方面熊庆来也投入了不少精力。1936年，他和其他几位数学界的同仁共同创办了中国数学会会刊。该刊物即如今《数学学报》的前身，也是中国第一个真正意义上的数学学报。1938年，也就是熊庆来到云南大学任职的第二年，他创办了《云南大学学报》。而他的教育思想在他任职云南大学的12年间都很好地展现出来。在云南大学的革新中，他明确提出了许多改革措施：如注重师资，提高学校形象；严格考试，提高学生素养；加强校纪管理；充实教学设备等。这些措施最终都取得了显著的成效。在他任云南大学校长的12年间，云南大学跻身于全国知名大学的行列，成为一所备受瞩目的门类齐全、规模大的高等学府。熊庆来还培养出一大批驰名中外的优秀人才，其中包括华罗庚、钱三强、许宝禄、赵九章、陈省身、严济慈、赵忠尧等。

4. 为教育鞠躬尽瘁

1937年，熊庆来接到云南省政府的聘任书，回到家乡出任云南大学校长一职。上任后的熊庆来和云南省政府提出一系列要求，并约定诸多事宜，如省政府不得干预云南大学的校务；招聘、解聘教员的权利归属于校长，任何人不得从中作梗；学生入学需要经过考试，绝不能“递条子”。当时的云南，无论是经济还是文化都相对落后一些，办学条件自然十分艰苦。当熊庆来上任之后，一切都发生了改变。1938年，云南大学正式改为“国立”。为了尽快改变云南大学师资落后的现状，他开始精选教师。凭借自身多年在教育界的声望，他从全国各地聘请到众多知名学者，其中包括楚图南、费孝通、吴晗、赵忠尧、张奚若、方国瑜、吴文藻、顾颉刚、白寿彝、刘文典等。此外，还延聘了一些具有影响力的外国教授和学者，使云南大学成为与西南联合大学同负盛名的知名大学。

熊庆来结合云南自身丰富的矿藏以及茂盛的植被等特点，在办学方向上侧重于资源的合理利用，并培养出这方面的人才。因此他首先开设了生物学科和采矿冶金科，还聘请植物学家严楚江办植物系，蒋导江任职采矿冶金系。当时的教育部想将云南大学的植物系并入西南联大，熊庆来对此表示反对。如此一来，不仅将植物系保留下来，还进一步扩展成为生物系。此外，熊庆来不断购买教学设备，充实图书馆藏。当时的云南大学图书馆藏书量达数十万之多，也成为当时国内藏书量数一数二的大学。云南大学理科各系都配备有比较完备的标本资料室和实验室，农学院拥有便于学生试验的农场，医学院配备有附属医院，数学系则建立有天文台，工学院有实习工厂，航空系甚至拥有飞机等，这些在当时的大学中也是罕见的。此外，熊庆来还制定出云南大学校歌，制定出云南大学“诚、正、敏、毅”的校训，目的就是要让每一个云南大学学子都做到诚实、正直、聪慧、坚毅。

在熊庆来担任云南大学校长的12年时间里，云南大学从1937年的3个学院、302名学生、39个教授以及8个讲师，快速发展成为拥有5个学院、数千名学生、140多个教授讲师的多学科、多院系的综合性大学，不仅培养出大量有用之才，还扭转了云南文化落后的旧面貌。

熊庆来在任职期间，虽然校务繁重，但仍然安排时间从事具体的数学教学以及科研工作，有一段时期，他事必躬亲地来到数学系授课。身为校长的他，从来都是一副和蔼可亲、平易近人的模样。每当节假日，他会把教员请到家中交流生活或工作中的事情。为了聘请到更好的教授和学者，他用给外省教授高薪的方式留住人才，而自己和一些云南籍的教员只领取规定工资。此外，熊庆来生活也非常节俭，他在住所外种了一些蔬菜瓜果，不仅节省了生活开支，还体会到劳动的乐趣。

在熊庆来的严格要求以及表率下，云南大学各部门工作效率颇高，各项工作都管理得井然有序，无论是学生和教员都能和睦相处，让那些来云南大学任教的新教员真切地感受到云南大学散发出的热情以及浓厚的学术氛围。

5."伯乐"鼎力帮助"千里马"

熊庆来是中国现代数学的开拓者。1921年，刚刚28岁出头的他回到祖国，便接到国立东南大学的聘书，他本以为是邀请他去学校当教员，可没有想到的是让他出任刚刚成立不久的数学系教授一职。从那时的中国现代数学的发展来看，与其说是处于成立阶段，还不如说是萌芽阶段。因为当时国内很多大学还没有正式开设数学系，而东南大学数学系也仅有熊庆来这么一位专职教授。数学教学如何发展，除了要探索之外，几乎没有现成的答案。

数年之后，人们清晰地看到熊庆来不拘一格降人才的作风，也正因为如此，当时一些赫赫有名的专家学者，如陈省身、严济慈、赵九章、钱伟长、钱三强、杨乐、赵忠尧等人都出自熊庆来的门下。在东南大学的历史档案馆里，人们依然能看到熊庆来的老照片。他身穿长衫，一脸稳重敦厚的长者形象。熊庆来刚来到国立东南大学时，数学系极其落后，不仅缺少必要的教材和讲义，就连教员也寥寥无几，一切都要从零开始。在这种艰苦的条件下，熊庆来不仅担负着10多门课程的授课任务，还编写讲义，其中就包括《球面三角》等。

由于当时一些学生家境贫寒，熊庆来对他们也是关爱有加。学校里有个叫刘光的学生，不仅很有才华，而且为人谦逊，熊庆来经常指点他的学习。为了让刘光有更大的发展，熊庆来资助他出国深造，并给予一定的生活费，甚至还卖掉自己的皮袍子，资助刘光。若干年后，当刘光在物理学上有了一定的建树后，还经常提到熊庆来为资助他上学而卖掉皮袍子的事，他热泪盈眶，对熊庆来也更加敬仰。

此外，著名物理学家严济慈也曾经是熊庆来的学生，两人也建立起良好的师生情。大学毕业之后的严济慈被熊庆来介绍到法国留学，熊庆来还把他介绍给居里夫人的女儿、女婿当学生。在法国留学期间，严济慈手头很紧，得知情况后的熊庆来拿着自己的物品去当铺当了，换回钱寄给严济慈。之后熊庆来又去了清华大学开办数学系。在清华大学，他敢于打破常规，将只有初中文化水平的华罗庚聘为助理，虽然这在当时引起一些人的反对，但并没有影响他聘用人才的计划。之后，华罗庚成为教授，并到英国留学，在熊庆来的帮助下，也成为举世闻名的数学家。

熊庆来到国立东南大学仅一年就病倒了。根据他的夫人回忆，他工作异常刻苦，过度的劳累使他得了很多病，但他并没有停下来，而是继续顽强地靠在床上编写讲义。在课堂上，他喜欢向学生们提出具有启发意义的问题。当时的学生大多勤奋好学，每个人交的作业甚至是一本书的厚度。熊庆来总是认真地批改学生们的作业，当他发现错误后，会用红色的笔逐字逐句圈阅，并改正。好的作业，他会在上面写个大大的“善”字，表示对学生的肯定。

熊庆来一直秉承以身作则的原则，在数学论文方面，他经常修改3遍以上。他喜欢文字的精确，赞同白话文，但不提倡用口语写数学论文。而在几何求证里，他经常使用“如果……则……”这样的句式，这在他看来是比较严格的思维方式。

其实，无论是熊庆来在学术上的严谨治学，还是他对人才的爱惜，都说明他是一个令人崇敬的“伯乐”。也正因为如此，他才引来了越来越多的“千里马”，并共同促进了中国近代数学教学的发展。

6. 熊庆来的办学宗旨

大学如果在思想上没有任何贡献，那么必然是枯燥无味的。云南大学历届校长都将自己置身于学术研究中，并将其整理成经验通过各种报告、会议、演讲稿等形式表现出来。熊庆来以“努力求新、求真”为办学宗旨，无论是对教员还是对学生，都要求其具有求新和求真的精神。在他看来，“学生不应该是顾客”，而应该是学徒，教师不应该是商店的“店长”，单纯地给学生们灌输知识，而是应该培养能力，培养出具有创新求实精神的优秀人才。

熊庆来曾不止一次地表示：“大学之存在，必具有生命，生命表现于所有的教学工作、科研工作，以及教师与学生的种种高尚活动，其精髓，内即表现于教学之成绩，钻研之结果，与德行之砥砺；外则见诸于师生对社会之影响，校友对社会国家服务之能力。”作为大学校长的熊庆来，他有一句非常著名的办校名言：“盖大学不仅是培养人才的机关，而同时是学术发展之源泉。”因此，对于现代的一些大学来说，无外乎在人才培养、学术研究、思想贡献等方面做着努力。

在云南大学期间，熊庆来投身在教育第一线，他教过的课程很多，比如球面三角、偏微分方程、力学、动学、微分方程、平面三角、高等数学分析、解析函数、方程式论等。他还根据国内大学的具体情况编写了讲义。与其他大学校长不同的是，熊庆来的教学实践经验大致如下：白天在教室里和学生们交流，晚上则将讲课内容进行整理、修改，最终编写成教材。他曾经教诲学生“光有书本不行，要在学习中发现问题、思考问题、研究问题”，并提醒教师应该最大限度地启发学生，做到因材施教。他也会经常将“今天的人才要胜过前辈人，今后的人才要胜过今天的人”这句话挂在嘴边。云南大学在他的办学宗旨的引领下，迎来了灿烂无比的发展时机。